麦凡勒◎主编

Read

One minute to

一分钟
读心术

YIFENZHONG
DUXINSHU

百花洲文艺出版社
BAIHUAZHOU LITERATURE AND ART PRESS

# 前言

在人生的道路上，无论是择偶、求职、推销、买卖，还是从政、当小老百姓，都不可避免地要与人打交道。而这时，每个人出于各种不同的考虑，都会小心翼翼地掩饰着真实的自我，唯恐他人窥见自己的内心世界。

世事复杂，人心难测。人们内心世界的变化丰富多彩，以致我们在很多时候都因无法把握而面临无言的尴尬，甚至挫折。很多人，尤其是初出茅庐的年轻人常常因为缺乏辨别他人意图的经验而导致失恋、失业、求职失败、错失交易良机、泄露秘密、遭人误解……老板明明是想让你表达忠诚，你却误以为他有心让你辞职；女友明明暗示你戒指太贵，你却误以为她在怪你太小气；对方明明表示他愿意接受你的建议，你却以为他故意对你吹毛求疵……

所有这些都让你迷惘、徘徊，令你无法理解。在你面前始终有一种无形的压力阻挡著你。本书将为你打开你心中那扇厚重之门，使你有拨云见日之感，心情豁然开朗！

你知道吗，很多人在不知不觉中表现出来的动作、下意识脱口而出的语言、无意中做出的姿态等，都可以成为我们洞悉其心态的线索。只要我们用心，就可以从这些细微之处洞悉其心机，识别其本质，体味人情冷暖。从中我们可以学会洞悉他人的心态，深入了解他人的内心世界，绕过生活中的险滩，躲过近在咫尺的危机，从而更加从容地融入社会，游刃有余地应对人生的挑战。

看透人心其实并不难，只是我们没有掌握正确的方法。我们常说"日久见人心"，可在这个快节奏生活的时代，人与人的接触已经成了快餐式，因此，在短时间内洞悉一个人的内在世界就成为迫切需要掌握的技能。

不论你想看透一个新结识的朋友、一个生意伙伴，还是你的上司、同事，或者只是一个陌生人，在这里你都可以找到瞬间掌握他们心理的密码。本书将成为你洞悉人心的最佳指南。

# 目录
## CONTENTS

## 男孩必读篇

## 第二章　识破交际中的肢体语言

4

## 第三章　掌握职场交际中的身体密码

第一章

解读爱情密码

　　在人的生命中，最宝贵的莫过于自由，最璀璨的莫过于事业，最美丽的莫过于爱情。美丽的爱情让你心旷神怡，激动不已。你盼望着能和恋人手牵手相随到老。但是，爱情对任何人来说都是输不起的事，所以一定要谨慎。那么，怎么衡量自己的爱情呢？怎样去判断对方对你们之间的爱情持什么样的心态呢？

　　我们不可能完全相信语言，因为人总是难免说谎。恋爱中的人因为爱情的需要，总是在有意无意间掩盖自身的缺陷或想法。不过，没有人可以随心所欲地支配身体语言，做到无懈可击，不经意间的小动作总会暴露他或她内心的真实想法。这就是我们解读对方心态的线索，据此可以破解对方对爱情、对你持一种什么样的爱情密码。

## 女孩必读篇

### 如何从约会中看出男友的心态

女孩子"测试"恋人对自己的态度，最常用的"伎俩"就是约会时迟到。透过男孩等女孩的神态和动作，她们就可以推估出男孩对爱情的态度。

他也许早早地在约会地点等候，脸上露出焦急、不安的神情，不停地走来走去。这种动作表现了他内心的焦虑，他很担心你，以为你出了什么事或者失约。但是，随着你的到来，这种不安马上不见了。这样的恋人非常在乎你。

如果他把胳膊交叉于胸前，那么在你到来后，他肯定会发一阵牢骚。等你的时候，他一定在想："我倒要看看你究竟什么时候到？"他这是和你赌气，甚至于想主宰你，对你不满就直接讲出来。不能说他不爱你，但他最爱的肯定不是你，而是他自己。

他还可能采取一只手握着另一只胳膊的姿势。这说明他在控制自己，隐藏自己的心情。他对你的姗姗来迟很不满，但他不发脾气，因为你是他心爱的人，他应该体谅你。

或许你的恋人正把手插在口袋里等你。这说明他在享受这种等你的感觉，也相信你不会迟到太久。他守时，也很讨厌迟到，但出于对你的爱，他依然会彬彬有礼。希望你下次约会准时一点哦！

## 如何从"感冒"的水杯判断对方爱你有多深

恋爱会使人失去理智，使人甘愿自我牺牲。它使我们愿意把自己的欢乐放进别人的快乐里，把自己整个人都献给所爱的人。

恋爱中的你难免精神亢奋，非要在寒风凛冽的时候去爬山。结果在意料之中：你感冒了。恋人来看你，你的单身宿舍里只有一只水杯，于是你把自己刚刚喝了一口的水杯递到他面前："要不要喝？"

你的恋人知道你感冒，也知道那杯水也许会使他传染上感冒，他却毫无顾忌地把水喝下去。这时，你对他爱你的情意可以丝毫不怀疑，他是真心实意地喜欢你。但换个角度想，你让他喝可能会传染感冒的水，是不是不够在乎他呢？

如果你的恋人巧妙地避开你碰了杯口的位置把水喝下去，就表明他很能体贴你、顺应你，但对你的爱情带着一点功利性的企图。对于这样的恋人，你可不要全抛一片真心，因为他很可能在你最需要他的时候调头离去。

面对你递过来的杯子，他一本正经地说："不喝了！我一点也不渴。"那么他的心态是既不损人也不利己，很识时务，有心机。但爱情本是纯洁的，用谎言搪塞自己的恋人，他对你恐怕不是一片真心。

如果你的恋人对你说："你想让我也和你同病相怜吗？"也就是暗示你"感冒会传染"，最后并没有把水喝下，他的确是一个值得你托付终身的人。他诚恳、体贴、温柔，对你充满信任和理解，也怀着深沉的爱。和他交往，一定错不了。

## 如何从牵手看他对你的关心程度

手牵手是一种表示关系亲密、心灵相通、相互接纳和认同的行为。牵起爱人的手，那种甜美的感觉会传遍全身，奇妙无比。

你和恋人肩并肩、手牵手走在街上，另一只"空闲"的手做些什么动作呢？

指头的动作会表现微妙的心理倾向。尤其是和恋人相处时，手的动作最能透露出一个人对恋人的关心度。如果恋人另一只手的手指各自分离，指头之间空隙较大，表示此时他的情绪不太安定，处于焦躁不安的状态。

他的五根指头全部伸直的话，表示他的精神状态目前非常安定。他会尽力而真切地关心你，对你非常在意，但又很懂得尊重你，不会干涉你的个人生活。

如果恋人的另一只手只伸直了食指，那么他很可能对你心存不满，稍不如意，就会以为你伤了他的自尊心。至于关不关心你，很明显，他只希望你关心他。如果对方的另一只手握紧拳头，就是极度紧张或想向你有所诉求的意识表现，说明当时的环境状况也许让他很不舒适。他很在意你对他每句话的反应，心里总有些战战兢兢。

另外，如果他一边牵着你的手，一边将另一只手插入裤袋，那表示他生性浪漫，个性大而化之，当恋人会很轻松，不会有太大的精神负担。

## 如何从公园遇阻测知情人的心态

虽然丘比特的神箭射过很多人，但对你而言却是第一次。你很在乎对方，却不知道对方的真实想法；想问一问，却因害羞，又不好意思开口。

周末黄昏，你和恋人手牵手在公园散步。这时，一群叽叽喳喳的小伙子不解风情，无视你们的存在，迎面径直走来。小路并不宽，狭路相逢，你的恋人会做何反应呢？

如果恋人为了避让那群年轻人，马上松开你的手，以至于你们"分道扬镳"，路走两边，那么，你就该对他的柔情蜜意表示怀疑了。因为尽管刚才你们还似情意无限，一旦出现意外，他就把你我分得那么清楚，说明目前他对与你的交往并没有付出多大的诚意。也许你们还没有达到水乳交融的程度。

如果面对打扰，恋人并没有松手，且主动往你这边移动，倘若是男性，则表明他心中很重视你，能够体贴你，也很懂得你的需要；倘若是女性，则她肯定真心爱你——无论她力量如何，她想为你奉献，保护你。所以，和他或她结为伴侣，可以很安心。

若是恋人往自己这一边拉你，这表明对方渴望在恋爱中占据主导地位。他或她不是不爱你，只是爱自己更多一点；不是不在乎你，但他或她更在乎自己。

当然，还有一种情况，就是恋人并不理会迎面而来的人群，仍然牵着你的手，迈着步，雄赳赳气昂昂地想要从他们中间穿过。那你就大可放心了。因为这样的人即使有点任性和冲动，却非常爱你。在他（她）的潜意识中，就算你们的爱情受人阻挠，他也有坚持到底的决心。他是一个坚定的爱人。

### 如何从停车位置看男友的心态

从一个人开车的姿势、速度，可以看出他的性格；而从他停车的位置，可以看出他的心态。尤其是恋人开车，他会不会因照顾你而把车停于方便你活动的地方呢？

男友带着你开车兜风，中途准备在一家百货公司的停车场停车。那么，在很多空的泊车位中，他会选择哪一个？

如果男友非常懂得体贴你，他就会把车停在百货公司入口处。为了方便起见，他会缩短汽车与商店入口的距离。他总是先考虑你。当然，这个车位因为靠近商店门口，考虑到堵车和驶出的问题，大多数人都会这么选择。但他这么做，至少说明他考虑问题较为周全。

如果他不假思索地选择了一个旁边停有一辆高级豪华车的车位，说明他想对这辆豪华车提出挑战，有点比一比，不服输的劲头。你的男友很自信，而且喜欢在你面前表现自己，怀着一种虚荣心。如果他哪天发现你对他不满意，就会感到压力很大。

也许你的男友会选择一个四周空空如也的泊车位。乍看之下，是因为在搭乘上比较方便，实际上是他对自己的驾驶技术缺乏自信。你的男友有一些自卑心理，在人前有时会表现得畏畏缩缩。

他可能一找到空位，无论是哪一个，反正是他最先看见的那一个，就马上选择了。那么，他肯定有一种抢先的心理。你的男友有点急躁，也很热情，对你和他的关系充满信心和希望。

## 如何在逛街时摸清他对你的态度

和恋人逛街是一件让人心怡的事。无论你们手拉手，肩并肩，还是一起吃东西、和商贩讨价还价，都会感受到和对方心灵相通的默契。这种感觉美妙无比！

你和你的他去逛街时，你们的位置关系如何？很多人都没有意识到此事。你和他一起走路时的位置，在不知不觉中已成固定形态。那么，他对你的感情到底如何？

他喜欢走在前头。那么，对他而言，女性、工作都只是他为达到晋升、达到目的的手段罢了。若有可能，他会不惜来个"政治婚姻"。他是个典型的大男人沙文主义者，希望恋爱中，你能更多地依赖他。女性只是他生活中的一件摆设。

如果他走在你的后面，说明他也很重视恋爱。不过，他不会因你而放弃名誉和地位。恋爱中的他，虽口口声声说"你比工作重要"、"你是我生命中最重要的一部分"，但到了婚后，他会逐渐变成一个工作狂，工作变得比你更重要。

如果你们俩紧紧并排走的几率特别多，恭喜你，你在他的生活中是第一位的。总之，他不能没有你。他把你看得比什么都重要。婚后的他，凡事以家庭为重，一旦你反对，他必会听从你的意见，放弃晋升更高的职位。换句话说，他的晋升与否，掌握在你的手中。

你们俩虽并排走，但彼此间稍有距离，表明工作和恋爱对他来说同等重要。他认为男性和女性是平等的。所以，凡事他都会征求你的看法再做决定。不过，他稍有点优柔寡断。这种性格或许是个缺憾，既希望出人头地，又希望获得爱情的他，两头落空的危险性极大。

## 如何从道别方式判断他爱你有多深

约会回来，情侣们仍是情难自制。那甜蜜的回忆搅得你心潮澎湃。

和恋人约会回来，尽管依依不舍，总有说再见的时候。这时，他如何和你道别？

　　仔细观察他和你道别时的动作，从他不经意间的动作探明他内心的想法。

　　如果道别时他还含情脉脉、深情依依地望着你，那他一定是个很温柔体贴的人。他不会无理取闹，很讲道理。他对你一往情深，只会凭借真情实意打动你。

　　若他头也不回就离去，也不能说他对你无情。虽看似很冷酷，不过他的内心还是很温柔的。别以为他一点儿也不在意你。他只是太乐观了，不太在乎身边的小事，而且对自己极为自信，觉得用不着非得深情款款才算表达爱情。他是一个粗线条的人。

　　道别时会与你握握手的男孩，其实，他是想拥抱你，甚至想吻你。他已经被你深深地吸引了，热烈的爱情使他此时几乎难以自控。

　　他可能用深情的眸子凝视着你，仿佛有着千言万语要说又欲言又止。他虽然很想对你表达爱情，却一直苦于不得其法，因而无法向你倾诉。他觉得很寂寞，心中有话口难开，所以唯有用眼睛倾诉！

## 如何从生日礼物判断他对你是否真心

来到人世间的那一天是值得每个人纪念的日子。热恋中的情侣更会牢牢记住对方的生日，用或简约、或真挚、或浪漫的方式度过那一天，以此增进感情，表白心意。

你和心中的他一定一起庆祝过你的生日吧？！若你有意测测他的真心，一定要注意他送你的生日礼物是什么。你可以透过他送给你的生日礼物，推测他爱你有多深。

如果他为你选了一枚高雅而精致的戒指或其他首饰，你心中的他一定是个富有责任感的男孩，谈恋爱郑重其事，对你的爱也是真心诚意。他已经把你看作可以陪他走过一生的另一半啦！因为首饰具有很庄重、虔诚的意味。

如果他送你一件上次逛街时看中的时尚服装，那表明他有大男子主义倾向。虽然他在爱情中表现得积极主动，但要和他进入婚姻的殿堂还为时尚早。即使他真的很爱你，你也要考虑一下，他是否真的适合你。否则一旦上了贼船，就悔之晚矣！

如果他别出心裁地策划了一次旅行，那么，他对爱的追求可能更多地侧重于两个人之间的性爱。他选择这种方式庆祝生日，分明是对你有所企图。

## 如何从情人的礼物判断他的真实想法

生日？升职？加薪……如此值得庆祝的好事，他总不会无动于衷吧？

得到礼物是令人愉快的。女人希望得到礼物，是因为她能从得到的礼物中体会到送礼赠物之人的一片心意。

礼物中包含着送礼者的用心。借此礼物，你就可知道，他对你有何想法。

戒指、耳环等装饰品几乎就是送礼者的"替身"，含有一直想跟在你身旁的意思。

项链、手镯等是"锁链"的象征，表示对方想拥有你，时刻紧紧地抓住你。

如果他送花，那就是他打心底认为，你是个美丽、有女人味的女子。男人送给女人的礼物中，最受欢迎的就是花。花是女性的象征，意味着美丽和清纯。

如果那花是由对方亲自采来送给你的，那么送花含有愿意为你做任何牺牲、任你吩咐的意思。

若男友送你手帕，则他是在对你说："忘了过去吧！"手帕或毛巾等含有"洁净"的意思。用在男女之间，很可能是想清算过去；但也可能是请你忘记过去的不快。他对你过去的不快、不光彩了如指掌。但这也说明此后他将全心全意地爱你。

水果或糖果等含有一起吃或一起玩的意思。就更深层次的意义而言，也可说是象征"游戏"。吃完玩定，不会留下任何证据。他也许只是把你视为爱情游戏的对象。当然，将来也可能发展至更深一层的关系。

如果他送你贴身衣物，意指"我是你的奴隶"。贴身衣物当然有性的意味，也是奴隶的象征。越是高级奢华，越能成为成人男女关系间的香料。

送高级手表并希望你能随身携带的男性，有两个目的：一是夸耀自己的财力；另一个是希望一直拥有你。

送衣服的男性，可以说是很自我的人。也就是说，他是凭着自己的兴趣决定你的喜好。尤其是，他买衣服时若没有带你去，你大可认定，他是个专断的人。

如果他送小东西给你，说明他对你很漠然、淡然。虽然他深受你他所未知的部分吸引，但他对你实在很不了解。当然，不了解不必然表明不爱，只是爱的基础太薄弱。你应该让他更了解你。

他若送你ＣＤ，说明他是以精神上的满足为第一考虑的人。他很仰慕你，借由音乐表达对你的爱慕之意。他是个很浪漫的人，也是个很尊重你的意志的人。

## 如何在吵架之后判断双方关系的深度

人与人之间吵架是不可避免的，即便是恋人也不例外。那么，与恋人吵架了，怎么办？别急，你仔细观察吵架后他表述情绪的方式，便会明白他会不会提出分手。

在调整心绪的这段日子，你的恋人去了哪里？

如果他选择到乡下去呼吸新鲜空气，静心调养，那表明他对恢复你们的关系期望仍然很深，根本没有同你分手的打算；他不仅没有死心，反而希望"卷土重来"，重整爱的风帆。

也许你的恋人哪儿也没去，就躲在家里大门不出，二门不迈。不是一声不吭，神情恍惚，就是拼命抽烟，狂喝滥饮，满屋子乱七八糟。这说明他很压抑、很痛苦，在处理感情问题时比较消极。他对恢复往日愉快的关系抱有很大的期望，但他太被动。他的这种拘谨和退缩，很可能使你很难提起勇气抓住这份感情。

他可能干脆来一次长途旅行。那么，在他心中，爱情绝对需要双方共同培育和悉心呵护。他对爱情的挫折很看得开，也充满希望，总是能冷静面对，并设法摆脱烦恼。

如果常和你吵架的恋人跑到渺无人迹的地方去调整心绪，那表明他的确是伤透了心，对你们的关系已经绝望。他对爱情的期望值也许太高，从而忽略了现实的残酷。你们的关系一旦受挫，他就会被痛苦折磨得死去活来。结局就是分手。

## 如何从穿着判断他对女人的心态

衣服是人的外包装，最能彰显人的个性，反映出人的某些深层次心理。尽管现在的服装款式风格多样，但从某些共同的细节上，我们仍可看到穿者的心态。他喜欢穿什么样的服装？你有没有观察过？从他的穿着上，可以看出关于他的很多内在的心态。

你可以由此判断出他对异性的态度。

他总是西装笔挺或衣着考究。那么，他必是喜欢那种在乎性生活，在情感上执著专一的女人；他需要善于表达感情，懂得关怀家人，理智又有杰出的表现，美丽动人，同时又能享受生活的异性。

如果他的衣着宽松舒适，那表明他喜欢那种情感细腻，懂得重视他的物质需要和生活细节的女性。因为他渴望呵护和关怀，贤惠善良、有家庭责任感，较为传统的女性是他的第一选择。

他衣着颇具个性，喜欢轻便型的服饰。那么，他喜欢重视个人成长、有才华、略带权威型的成熟女子。这种女人最好治家理财有方，能让他享受优越的物质生活。但他不是一个轻易妥协的男人。因此，要和他厮守一生，必须懂得适可而止。他会让你尽情发挥，尊重你，让你拥有自己的一片天空。

若他非常喜欢穿名牌，他必然喜欢外交官型的女人。这种女人温文尔雅、秀丽大方、善解人意，永远保持温柔善良的姿态，有基本的治家、理财能力，精通外语，重视良好人际关系的建立。

若他很少追逐流行或不轻易改变服装的式样，表明他喜欢出身不凡或有特殊气质、重感情、尊重生命及生命之价值、追求有意义之人生的女性。他重感情，也非常需要感情，不会轻易离开他所爱的人。他绝不会娶一个他不爱的女人。婚后他重视家庭生活，以家为中心。但是，在情绪不好的时候，他的逆反心理也很强。

一个不喜欢穿新衣的男人喜欢善于照顾自己、家庭观念强、能够独立照顾子女、重视子女的教育、责任感强、甚至有良好的烹饪技术的女人。他的家庭责任感强，不会在乎女人的外表，而是注重品德。

如果他总是常常脱掉外衣，那么他喜欢有上司才能的女性。能洞察他的需要，满足他的欲望，提供有效的建议，使双方有着实际又有效率的生活方式的女人是他的最佳伴侣。她应该有品位，满足他的物质需要，不会让他烦恼，能够给他一个舒适的家。

他喜欢运动休闲服装。那么，他喜欢教育程度高，重视人生理想和目标，人际关系良好，能够独挑大梁或具有特殊才能的女子。虽然他会认为这种女人有时太以自我为中心，但因为这样的女人能在生活中带给他很多安全感，权衡利弊之后，他宁愿选择这样一个可以信赖的女强人作为终身伴侣。

## 如何从佩带手机的方式判断他喜欢什么样的女性

手机是一种非常方便的现代化的通讯工具，外形灵巧，功能齐全，可上网聊天，发送短讯，也可以当成记事本、手表、日历……更重要的是，它是你和他表达爱意的桥梁。你和他相处得不错，但你不知道怎样才能讨他的欢心，那么，你完全可以透过他佩带手机的方式，探究他的内心，从而了解如何才能吸引他。

男人对常用的手机，有时也会产生一种亲切感。它不仅是配饰、资本、工具、伙伴，更是泄露其心理的环节。

若他喜欢把手机挂在腰间，表明他喜欢温柔贤惠又有主张的女人。他不喜欢胆怯幼稚的女人，而需要理念相同的异性伴侣。他若还没有稳定的两性关系，会像浪子一样游走在女人之间。

如果想让他更喜欢你，要懂得注意他的感觉和需要，还要注重衣着的品位。你必须懂得适时地关怀并暗示他，给他机会。因为他是主动型的男人，直到他有了反应，你才可以进一步地表达爱意。

他也许喜欢把手机拿在手上，那么，他喜欢的是对他的事业有帮助的女人。他需要一个精明能干又很有潜力，能帮助他创造幸福人生的贤内助。

他的野心使他懂得欣赏各种女人的优点，他希望婚后的妻子能够分担较多的家务和教育子女的工作。在感情上，他不是一个轻易放弃和服输的人。

所以，如果女人对他没有长期的助益，恐怕你们之间的关系不会维持太久。你必须是一个可以满足他的野心的女性，在性生活上也必须全力配合。

如果他喜欢把手机放在皮包里，那么，他肯定喜欢以保守稳健的态度渐进地发展两性关系。他喜欢温柔、和善、母性意味浓厚，可以宽容他的女人。

如果你声音动听，凭着贤淑而缓慢清脆的谈吐、干净整齐的外表、良好的家世和教养，就可以打动这类男人的心。别忘了向他强调你贤妻良母的特质，而且在他了解之后，你才可以主动追求他。在被诱导之后，他就会成为主动追求你的人。

他是不是喜欢把手机挂在屁股后面？那么，他心目中的女人应该是小鸟依人型的，不会处处依赖，具有良好的持家能力，善于管教子女，可以独立照顾家人而不需要总是征求他的意见。

想获得他的青睐，你必须在情感上从一而终，不应该有太多爱情的经验。另外，还要让他知道你是一个很有爱心的女人。

经常把手机挂在胸前的男人，喜欢的是独立而有主见的女子，很注重两人是否具有共同的兴趣、爱好。他是一个需要展现人生理想和目标的男人，喜欢过一种前卫的生活，因此喜欢两性关系的自由和平等。

所以，你应该做一个时髦的女孩，懂得搭配时髦前卫的装扮，个性活泼又和蔼可亲，利用外向独立的性格引起他的注意。当你们相处时，要懂得配合他的兴趣。

## 从男友喜欢的手指头，看他爱你有多深

你是否为不知道他对你是否真心而苦恼？相处已有一段时间了，他对你很体贴，可你却为该不该对他付出太多感情而迷惘。

事实上，针对这个问题，只要伸出你的手，让对方选择其中他最喜欢的是哪根手指头，就可以解决了。

如果他选择大拇指，说明他对你几乎死心塌地，唯命是从。说穿了，你是他心目中的女神，他甘心永远拜倒在你的石榴裙下。但他的嫉妒心很强，要小心才是。

如果他选择食指，表明他对你可不是那么单纯！如果你很欣赏他，愿意付出完全的自己，那就危险了——他可能是一个逢场作戏的花花公子。

他可能对你的中指比较有兴趣。那么，他肯定不够喜欢你。他只不过想跟你做个朋友。如果你想进一步和他交往，必须付出相当大的努力。

或者他会选择你的无名指吧！这表明他非常爱你。他爱你爱得让人无所适从，甚至殷勤得让你反感。这时，你不妨送他电影《男儿当自强》的影碟。

如果他选择了你的小指，说明他暗恋你已经很久，却始终不敢流露自己的情感。你若钟情于他，快快暗示他。也许你们可以比翼双飞。不要错过缘分哟！

## 如何判断分手之后你们能否再复合

恋爱时的男女都希望对方完美无缺，容不得对方对自己有半点闪失和忽略。特别是年轻人，有一点不如意，就恨不得尽快分手。

年轻人难免要为年轻付出代价，特别是爱情，因为初恋时我们根本不懂爱情。一时意气用事，很容易后悔，若能挽回，最好能挽回。但是，你若想挽回，最好先洞悉对方的心态，否则你会很尴尬的。

某天走在大街上，你无意间撞到已分手的男友迎面而来。正巧他也看到了你。此时他会怎么做？如果你仍对他旧情难忘，请注意他的动作。借此，你可以看出你们有没有重归于好的可能。

假如他装作没看见你，匆匆从你身边走过，那么，别再对他心存幻想了，你们之间的感情已不可能复合。因为他显然是在回避你。可能现在他的身边已另有他人，他不希望你介入他的生活，更不希望你去打搅他。爱过之后已形同陌路，此情只能永埋心中。

他向你走过来，很自然地与你寒暄。他虽然不排斥和你见面，但很显然，他只是把你当作一位普通朋友，爱的火焰已经荡然无存。你不妨做得洒脱点，用同样的方式对待他，把他当成一个普通朋友。该去的都去了，不必再挽留什么。

如果旧男友走到你面前，有点尴尬，手足无措，欲言又止，那么，他肯定后悔和你分手，但又害怕你不给他机会，所以不敢表达对你的思念。然而，他的眼神却背叛了他，把他真实的内心世界暴露无遗。如果你也还很爱他，试着主动点。走出这一步，你们复合的可能性还是很大。

如果他很关切地询问你的近况，甚至问到你现在交男朋友了吗，那他分明是在弥补他的过失，渴望挽回你们的恋情。关键取决于你的态度。如果你还想和他在一起，那就再给他一次机会，或许你会发现，你们的爱可以重来。


## 如何从吃蛋糕的样子看出你在他心目中的分量

恋爱中的女人总希望自己是对方的最后一位女朋

友，男人则希望自己是恋人的第一个男朋友。不过，在女性的潜意识中，不仅希望自己是心上人的最后一个女朋友，同时也希望是他的初恋。

你是不是他的初恋？或许你早已知道，在你之前，他曾经有过一场轰轰烈烈的恋爱。于是，你难免患得患失，怕他旧情难以释怀，你不过是他寂寞时的填补。聪明的你可以带他去吃蛋糕。摆在他面前的蛋糕，在你的"精心策划"下，"无意"中掉到了地上。这时，你的恋人：

他不假思索地弯腰把蛋糕捡起来，毫不在意地吃掉。如果你不是他的初恋，说明他对初恋情人还有点恋恋不舍。但无论你是不是他的初恋，恭喜你，他非常爱你。即使你犯了错，他也不会怪你，一心想与你共同承担。

如果你的那一位仅仅轻描淡写地说："算了，不要吃了！"说明他对初恋的态度并不认真。一个对初恋不认真的男人，还会对哪段感情认真呢？

或许你的心上人对掉在地上的蛋糕很惋惜，但他并未捡起来吃掉，而是让服务生来一份一模一样的。这种行为透露出他对初恋的珍视。如果你有幸遇到这类恋人，而你恰好是他的初恋情人，他会把你永远放在心灵深处，终生都难以忘怀。当然，如果你不是他的初恋情人，也不用太紧张，因为他也并非那么呆板。虽然他眷恋过去，但也不会放弃追求未来。只要他喜欢你，就会全心全意地付出。

## 如何从房间用途，透视他对婚姻的心态

房子是我们用来保障基本安全的建构。谁都梦想着有一间属于自己的小屋。这时候，小屋就是我们任意挥洒自身个性的地方。

和恋人相处久了，彼此情投意合，水乳交融。为未来打算，你向银行贷款，买了一套两室一厅的房子。说实在的，你只是想自己先住着。谁知道和恋人会不会步入结婚的殿堂呢？

如何使用屋内中最向阳的房间，可以透露出他对以

后婚姻生活的期望。

在最向阳的房间内摆张餐桌，当成餐厅的人，对婚姻怀有极大的梦想。他希望轰轰烈烈地恋爱一场，并期望有个华丽的婚礼，婚后两人还能像恋人般过着浪漫的生活……总之，他总是渴望爱情能够轰轰烈烈，他的婚姻能够幸福美满。

但是，由于理想过高，难免未如所愿，希望与现实脱节。为此，他在苦闷中思考，结婚的日期也就越拖越迟。

如果他在那个房间摆些沙发，当成会客室，这透露出他生性开朗、豪爽，喜欢热闹，有一大群朋友。所以，他有很多恋爱的机会。

也许在一场风花雪月、罗曼蒂克的恋爱之后，他会来一次闪电结婚。

但他也会发愁。因为那些异性朋友只能做朋友，很难发展成恋爱关系。

若他放张床，作卧室，说明他做事冷静，绝不会乱了自己的步调。他对婚姻有很合理的看法，即使已在热恋中，也会仔细考虑对方是否为合适的结婚对象。

　　一旦他遇到一位理想的对象，一定会主动追求，而且锲而不舍。另外，由于他很重视条件，以及各方面的相匹配，所以，对相亲或婚介会嗤之以鼻。

　　或许他还会把这个房间摆个书架，作书房。那么，他对结婚并不是很积极，而且有单身的愿望。他大概并不缺少恋爱经验，但不太可能付出太多热情。

## 如何从他对你前男友的态度看他爱你有多深

　　爱情曾经让你经历痛苦。现在你已抚平创伤，又开始了新的生活。但现在的男友会不会对你的过去耿耿于怀呢？

　　你们一起上街时，恰巧遇到你以前的男友。前男友停下来与你搭话，你只好应酬一下。这时，你身边的他做出什么反应？

　　如果他静静地装作不明白你们以前的关系，那表明他不够重视你，对你兴趣不大，你最好还是及早抽身为妙。你越努力，他越退缩。即使勉强在一起，也不会快乐。他和你根本就不合适。而且，你自身在恋爱方面也该审视一下自己的态度。选择男人时，不要只注意其外表。不然，你多半会选到与你不合适的人。你应该用心观察一个男人，用理性而不是凭"感觉"。

如果他对你不期而遇的旧男友说些"你好"之类的应酬话，当心，他很"花"。他对你只抱着"换一个口味也不错"的心态。你会相当辛苦，因为他并不是很在乎你。或许他的态度偶尔也会转变，突然对你热情有加，让你欣喜，以为他会做出承诺，让你觉得找到了一位梦寐以求的意中人。可事实上，他几乎对每个与他相处的女人都是如此温柔体贴。那是他的本性使然，绝非仅对你比较特别。

如果你把此人当成普通朋友，你们的关系可能会比较好。可若把他当成男朋友，你们可能不会如同你想象般那么顺利。他也许对你说很喜欢你，甚至做了向你求婚的暗示，让你一直陪着他。可实质上他只是想和你吃吃饭、听听音乐、兜兜风。想让他长期与你在一起，专心对你，几乎不可能。

如果他见到你的旧男友，漠然地擦肩而过，那么，你和他肯定不是很热情的一对情侣。他没有很投入，也有可能他还不大明了你的心意。也许你还没有让他很清楚地知道你对他的感情。不过，你若持之以恒，他就会渐渐了解你的态度。即使他现在除了你之外还和其他女孩子交往，他依然可以看到你的存在，感到你的心意。

主动点没关系。为了自己之所爱，为了追求幸福，这样做很值得。只要你肯努力，肯付出，他一定会了解你，知道你的心意。

若他很有兴趣地停下来和你的旧男友聊聊，那么他一定很爱你。他会对你很好，很体贴。他很希望能俘获你的芳心。只可惜你也许感受不到他对你的那份真心。如果你能拿出诚意，以真心回报，你们的恋情会发展得相当顺利。

## 如何从喜欢的颜色推断男人的个性

什么样的男人适合做你的丈夫？仔细观察你身边的

男性喜欢什么颜色，你就能大体知道他是何等人。男人会在颜色的喜好上流露出真实的内心。

1. 喜爱白色的人

白色是一切颜色的综合，因此，它是"理想的颜色"，其中有很多含义。它既表达亮光闪耀，又表达寒光刺骨。喜欢这种颜色的人性格较单纯，遇事不慌张，会从容沉着地去了解并加以解决。他的自尊心很强烈，喜欢以理服人，很重理性。他待人很亲切，为人聪明、机智，可以赢得别人的信任。

2. 喜欢黑色的人

黑色正好与白色相反，代表没有自信心，对生活悲观。凡是喜欢穿黑色衣服（不包括表示哀悼的黑色）或是喜欢用黑色器具的人，往往从黑色调感受生活，不相信自己，认为自己很不幸，自己的生活理想往往未能达到。如果有一天他放弃了黑色而喜欢比较鲜艳夺目的颜色，便是他的悲观情绪已经消失的标志。

黑色还含有严肃、沮丧、压抑的意义。喜欢黑色的人，一般还会给人以朴实的感觉。他们感情毫不外露，总在背地里暗自计划。他们很自负，显得顽固，不愿听取别人的意见。但他们在事业上是实干家，勤勤恳恳地创业，具有责任心和事业心。但由于固执，所以缺乏容忍，无论自己是对是错，都不会与人妥协。

### 3. 喜欢灰色的人

灰色是审慎、多疑的人所喜欢的颜色。他们总是给人孤僻或消极的印象。其实他们为人谨慎、沉着，个性上比较保守而稳重。他们不想追赶流行或标新立异，以引起别人的注意。他们时常像进入冬眠期一样，不会主动去争取什么。也就是说，他们对未来抱着无所谓的态度。

灰色，也是那些在无意间便向人宣扬自己的事的人所喜欢的颜色。他们独立性强，可以不依赖别人而独立生活；他们推崇个人的力量，重视自我发展，具有忍耐力和毅力，能克服眼前的不顺利和逆境。

如果不喜欢灰色，那就是冲动型的人，心直口快，个性率真，容易急躁地做出轻率的举动。

### 4. 喜欢比较明朗的灰褐色的人

从表面看来，这种人很柔顺。但在内心领域，他很有独断力，有自己做人的原则，不会轻易听信传言。他有着敏锐的观察力和洞悉力，为人忠诚可信，遵守诺言，有涵养，能在逆境中力挽狂澜，安然渡过难关。但他很难用语言表达自己内心的感情，为人处世不爱张扬，显得非常含蓄。他遵守法律和公德，不做违背原则的事。而且，他有耐力，能持久。

5. 喜欢红色的人

红色，代表热情奔放。喜欢这种颜色的人，勇敢，意志坚定，好逞强，心浮气躁，容易和人亲近。他们具有很强的活动性，什么事都要做得盛大。与此同时，他们的心思及观察力却都很纤细、敏锐，交友热情，很能判断是非善恶。花钱则大手大脚，有浪费的倾向。

凡是一见到这种颜色就生气的人，往往容易自暴自弃，怕与人争吵，喜欢独处。或者，一旦与人或环境结成一种关系，就很不希望这种关系被打破。

6. 喜欢黄色的人

黄色象征宁静。喜欢黄色的人毫不拘束，落落大方，有文化修养。这样的人善于交际，好奇心强，有承担责任的勇气，容易适应环境。他会因为自己的魅力而被人喜欢，从而很容易得到满足。

他富有才能和扎实的工作能力，干劲十足，常显得生机勃勃。但他过于自我，在别人面前显得高高在上，争论时总希望对方做出让步，自己则固执己见。他喜欢浪漫，很会制造朦胧的气氛。工作和娱乐两不耽误。

不喜欢黄色的人思虑过重，情绪悲观。别人难以和他打交道。

7. 喜欢蓝色的人

蓝色是"天"的颜色，人们常把它与精神高尚、心灵纯洁联系在一起。喜欢蓝色的人，说明他朴素、忧郁。这种人常常需要休息。他累得快，容易疲劳。周围人的信任、与人为善的态度，对他来说极为重要。

他们富有理智和深思熟虑的习惯，有着优雅的兴趣、爱好，保持着孩童般的好奇心和求知欲，遇到新奇的事物，就想方设法去求证。但有时显得聪明过分，反而容易误事。偶尔性急而失去耐心，会变得固执而不分是非，导致不可收拾的失意结果。

不喜欢这种颜色的人显得缺乏信心，性情孤僻。对这种颜色冷漠，说明情感轻浮，尽管外表和气、有礼貌。

8. 喜欢绿色的人

绿色是大自然的颜色，春天的颜色。喜欢这种颜色的人，一般来说，遇事冷静，总力求用自己的方法思想和判断事情，对他人的意见做出取舍，不会被人牵着鼻子走。他激动起来就爱讲道理，试图用事实和真理说服对方，甚至有时还会抓住对方的弱点大肆攻击。他总在无意间企图在一群人中占上风。他为人随和，给人亲切的感觉；很有才干，但喜欢自由，不愿承担责任。他总是想方设法逃避，有时不免显得做作。他爱好旅游，成为一个旅行家是他的梦想。他不用担心衣食问题，财运不算坏。

不喜欢这种颜色的人，害怕生活中出现挫折，害怕一切困难。

9. 喜好浅绿色的人

这种人权力欲旺盛，总是企图将自己的意志强加于人，自己却害怕行动，以避免陷入困境。

10. 喜欢紫色的人

紫色表明热情洋溢、敏感、精神崇高、待人温和。

喜好紫色的人感情细腻，容易动情。面对一件事物，他会对它自然而然产生非常浪漫的超现实幻想。他每时每刻都在等待奇迹出现，在忙碌工作的时候也不会放弃这种梦想。他很可能为了幻想而不务正业。这种人没有出色的经济头脑，不善理财。他喜欢交友，擅长交际，喜爱华丽的排场，言行中不免有些夸张。

这种人不快乐的时候，标志着他的责任感开始复苏，希望做一个真正的人。紫色，是各方面都协调发展很好的人所喜欢的典型颜色。

11. 喜欢浅紫色的人

这种人性格朴实无华，有着敏感的神经，时时寻求真诚与友爱，比较容易感伤，为人谨慎，有自寻烦恼的倾向。他们大多缺乏自信，多疑虑，但生性善良温厚。他们喜欢旅游，参加一些能让他们感到轻松与美好的活动。

如果是男性，他可能成为有用的智囊和得力的助手，也是一个忠诚可靠的朋友；如果是女性，定是个温柔贤惠的女子，忠于家庭，忠于爱情，是个贤妻良母。

12. 喜欢粉红色的人

粉红色是充满生机，一切生物所喜欢的颜色，它象征着互相友爱，和睦相处。喜欢粉红色的人大多是在和平或受宠的环境下长大，他们性格纯真无邪、温和善良，有美好的愿望，不论是现实的还是不现实的，他们都自得其乐。他们喜欢美化一切善的事物。到了而立之年，他们依然不改纯真。但缺乏责任感，容易逃避现实，以致被人误解。他们可能会因为最微不足道的理由而激动，也可能会因为一时的挫败而一蹶不振。

看到这种颜色会生气的人，大多是实用主义者。

13. 喜欢枣红色的人

这种人大多怀有崇高的理想，举止言行雍容高雅。他们在人群中显得高人一等。他们很有才华，才能卓越，深得上司的赞许与看重。他们不会与人争吵，很有绅士味道。但在别人看来，他们的思维复杂，感情深藏不露，显得神秘，所以不敢和他们太过靠近。所以，有许多时候，他们都显得形单影只，茕然孑立。他们有强烈的自尊，绝不会轻易求人，为人高傲自负、聪明机智。

### 14. 喜欢橙黄色的人

喜欢这种颜色的人富有敏锐的洞察力。他们有许多自己的想法，容易想入非非。他们有自己的爱憎，习惯凭兴趣办事，对于自己感到新奇好玩的事，就会全心投入；而自以为无趣或是和他没关系的事，则"事不关己，高高挂起"。他们喜欢随心所欲，表现出自己的优势；他们会很坦率真诚地与人交往，在团体活动时成为核心人物，而且能将冷清的氛围转化得非常融洽、快乐。

### 15. 喜欢咖啡色的人

咖啡色及与其近似，深浅不同的各种颜色（包括土色）是坚定、有信心的人喜欢的颜色。特别喜欢这种颜色的人，非常珍视传统和家庭。

不喜欢这种颜色的人，说明他自强自爱，推崇自我中心主义。他不坦率，很难直爽地说出自己的内心话。

——摘自《速学速成观人术》（林郁）

## 男孩必读篇

### 如何从选择戒指，判断女人对爱情的态度

戒指是永恒爱情的象征，一枚戒指往往就会套住人一辈子。戒指的选择常常会透露出人对友情和爱情的珍视程度。

你知道在你恋人的心目中，你和她的朋友哪个更重要吗？如果恋人和她的好友去逛街，她们决定购买一些纪念品，最终选定买戒指，她会选择哪一种戒指？

如果恋人选择价格昂贵的名牌戒指，说明在友情和爱情之间必须做选择时，她会选择爱情。一旦谈恋爱，她就会和女友们疏远，是典型的一头栽入爱情而不管其

他的人。

或许她会喜欢镶钻的小戒指。那么，她总是与人保持合乎常情的人际关系，很诚实，绝不会做出伤及友情的事。不过，一旦她爱上某人，就会满脑子想的都是他，而在不知不觉中陷得很深。她不想这样，可又无法抗拒爱情的力量。

若面对一边是友情，一边是爱情的三角关系，她虽会苦恼不已，但仍然会贯彻自己的意志，坚持到底。

如果恋人选择设计新颖的大戒指，那么她一定会受不了自己不是主角的场面。她很虚荣、好胜。

比起与好朋友的友情，她更重视恋爱和结婚。因此，只要遇到自己喜欢的男性，不管他是不是好友的男友，她都会主动出击，而不顾及会不会伤害友情。也许你认为这是一种敢爱敢恨的类型，但这样的人也未免太冷酷了点。

选择设计可爱的戒指，这样的人总是先为对方的立场着想，而不是为自己的事先做打算。就算有了所爱的人，她也会把恋爱和友情分得很清楚，很重视与朋友的相处。若有形成三角关系的可能，她会理性地压抑自己的感情，避免可能发生的纠纷。

## 如何从搭车看女孩爱你的程度

女人心，海底针。女人的心事你别猜，猜来猜去只会把她爱。这话没错。你在猜测中很可能深深地爱上她，可你依然猜不透你在她心目中的地位。你们的亲密度到底有多大？她是如何看待你们的关系？其实，何必如此烦恼！只要让她搭乘你的新款摩托车，从她的动作中，你就可以知道答案。

如果她把手扶在车后的把手上，说明她对你还有些距离感，对你们的关系并不十分确定。她在处理感情时比较冷静，不会陷入爱情的漩涡而不能自拔。换言之，你的甜言蜜语、柔情蜜意，暂时还不能打动她。所以，要彻底捕获她的芳心，还得加油啊！

如果她伏在你的腰际，你就可以窃喜了。因为她已放下心理防线，正全心全意地爱着你，而且爱得很理智。她认定你是那个给她坚强臂膀的人。所以，你要懂得珍惜!

把手放在自己的膝盖上或者干脆不扶东西的女友一定很让你头痛吧?她可能只把你当作普通朋友,也可能把你当作不错的男友。她烦恼的是,有时她自己都不确定跟你是什么关系,就这样若即若离地相处着。加把劲,努力一把,革命便会成功。

如果你们还没有确立恋爱关系,通常她不会紧紧抱着你的后背。倘若她这样做了,要么她为人轻浮,要么就是向你暗示:我爱你。是前者,需要你拔出你的慧剑;是后者,小子没事偷着乐吧!

## 如何用兔子考察女孩对爱情是否专一

现代社会开放程度高,有很大的宽容性和包容性。复杂而快节奏的社会总会有让人意想不到的事情发生,结果也常常出人意表。女孩子似乎什么都敢玩,包括爱情。

爱情是圣洁的,赌不起也输不起。你当然不希望别人玩弄你的爱情。所以,你应该真心真意爱一个人,也应该知道对方的心思，以免被她玩弄于"股掌之中"。

一个小测验，就可以知道她对你的专心度。

一天，电影散场后，你和恋人手牵手走在银色的月光下。夜已深，道路幽静。这时路边躺着一只兔子，看上去白白净净却又一动不动。她会认为兔子到底怎么了呢？

如果女友认为那只兔子是在休息，那她对你们的关系并不看重，对爱情也不用心。她很可能半路和你分手，去找更喜欢的人。对于这样的女孩，还是趁早放弃，省得为自己白白增加戴绿帽子的机会。

如果女友说兔子是因为病倒才躺在那儿，说明她已经爱你爱得发狂！她沉迷在与你的关系中，满脑子都是你的影子，你的一举一动都会牵动她的心，她简直无法自拔了。

如果女友认为兔子是因为死了才躺在那儿，那么她和你在一起的原因就可能有很多种：感动、寂寞、满足虚荣心、金钱、无聊……但她并不是因为爱才和你在一起。这种人不见得有多坏，但实在不是个理想的爱人。

## 如何从看画推知女孩的心事

爱一个人好难，爱一个人让人心力交瘁，"衣带渐宽终不悔，为伊消得人憔悴……"你爱她爱得如此炽烈，却不知她心中在想什么。怎么办？怎么办？你不妨让她欣赏一幅画。你们一起来到一间画廊，在一幅画上，一位年轻女子站在窗口张望的背影吸引住了你们。此时，你的恋人会认为这个女子在做什么？

如果她认为画中的女子正目送情人离去，那么她的内心肯定充满矛盾。她很可能在想："他是不是已经不喜欢我了？……我们之间还有必要交往下去吗？"不知道你们之间是存在误会还是她想打退堂鼓，反正她在怀疑你们之间的关系。

如果你的恋人认为画中的女子不过是闲着无聊，站在窗前晒晒太阳，这表明她对你们目前的这段感情抱着无所谓的态度。对她而言，你只不过是年过三十的兔子，有你也过年，没你也过年。

或许你的恋人会说，画中的女子正在等待着恋人。

这预示着她现在对你们的关系充满幻想，处于最甜蜜的热恋中。她一定非常重视你，为了你，她会做出牺牲和奉献。

女友如果认为画中的女子在欣赏窗外的景色，那表明她非常爱你，想给你幸福，并且非常在意你们之间的这份感情。她不仅会给你最热烈的情感，而且不会忘记自己所应负起的责任。

如果她认为画中女子是在观看邻家的情景，表示她一定非常在意你，甚至到了"茶不思，饭不想"的地步。但她总是羞于表达或词不达意，结果弄得自己非常痛苦。如果你已经知道她的心事，感动之余，最好主动向她表白你的爱。她真的很需要你。

如果她觉得画中女子正沉浸在深深的回忆中，表明她是一个以自我为中心的人。对你们的关系，她的诠释不过是"一个愿打，一个愿挨"。她只希望你对他百依百顺，自己则坐享其成。她只爱她自己。

## 如何从迟到的步伐推知女孩内心的秘密

诚如前文所言，女人喜欢用自己的迟到观察男友。岂不知她的迟到也可能成为男友解读她内心秘密的钥匙。只要你不是特别粗心的男人，你就会窥一斑而知全豹。

按照惯例，她又迟到了。仔细观察一下，她看到你的第一反应是什么？她迟到的理由又是什么？

这时候，如果她快步走向你，脸上带着点化妆的痕迹，那么她的内心一定充满了对这次约会的期盼。她因迟到而充满歉意，这说明她想马上见到你。你应该表示高兴，因为她真的很在乎你，否则怎么会为化妆而误了时间呢？

如果女友丝毫没有加快步伐，而是慢腾腾地走近你，说明她对你已心存不满，或者遇到什么不开心的事，不然就是她已经厌倦了她和你的关系。如果她好几次约会都是如此，这点就更确定了。

或许你的女友看见你之后，就不再往前走了，而是等着你过去。那么很显然，在这段感情中，她占主导地位。你可能太爱她，因而总是顺从她，使她处于上风。

## 如何从约会时的动作判断女孩心里的信息

情人的约会是浪漫而甜蜜的。约会不一定要烛光晚餐，花前月下。只要两个人心心相印，情投意合，又岂在朝朝暮暮？

周末夜晚，你和恋人坐在环境幽雅、音乐舒缓，富有浪漫情调的咖啡厅里。此时，对面女友的动作将透露出她心底的某种信息。

如果在你们的交谈中，你的女友不停地更换脚的跷姿，表明她此时正心浮气躁、寂寞难耐，心中有情绪需要排解。

如果她用手摆弄头发，那表明了两种情况：

一、她轻轻地抚摸头发。这是她心底渴望你用温柔的言语体恤她。

二、她用力拨弄头发。这是她觉得受到压抑或对某事感到后悔。

　　如果你的女友频频拉扯自己的裙子，很在意裙子的长短和覆盖面，这是她自我防卫心理的表露。她或许不自觉地想象着自己衣冠不整的模样，所以严阵以待。

　　若女友的眼睛带着湿润并含情脉脉地注视着你，那么她一定爱你很深。她会很用心地听你讲话，眼神和你交会时也不岔开视线。一切都表明她正全心全意地爱着你。

　　若她总是用手抚摸自己的脸颊，这是她想要掩饰自己的感情或不愿显露真实本意而在无意中表现出来的动作。你们相处一定不久，或许还没有捅破那层纸吧！

　　如果她托着腮帮听你讲话，这是一种渴望被认同、被了解的表示。其实她并未认真地听你讲话，而是对你的迟钝和不解风情做无言的抗议。

　　如果女友用一只手捂着嘴，静静地听你瞎掰，那表明她正在控制自己按捺不住的喜悦之情。她太喜欢你了，认定你就是她的白马王子。她正尽力掩饰自己内心的激动。

　　如果她正玩着桌边的布巾或桌子上的各种摆设，表明她有些紧张和尴尬，或是她觉得此时有点无聊。

如果她常用手摸鼻子或脸颊、耳朵，这表明她有些紧张，力图掩饰，害怕脸颊泄漏自己的秘密。她正处于恋爱初期，恋爱使她更加认识到自身的价值。另一方面，她也想让自己不致脸颊绯红或不自主地含情脉脉，以免让你看见了，以为她已非你莫嫁。

## 如何从晚餐埋单推知女孩对你情意的深浅

有许多女孩子对我说，和男生一块用餐，她们并不急于付账。她们不是想要磨蹭，也不是吝啬，而是想透过男生对账单的态度考查他的为人。不过，这并不是女孩子的专利。恋爱中的男人，不妨也以其人之道还治其人之身。

虽然爱情不能以金钱衡量，但是，从付账单的态度上，也能透露出对方对你的情意是深还是浅。

你和恋人一起去享受浪漫的烛光晚餐。餐毕，服务生送来账单。你一看，吓了一跳：这么贵！更糟的是，你刚刚失业，经济状况不太好。这时你的恋人会怎么做?

恋人也许十分体谅你的状况,坚持要自己请客,抢先付账。这说明她非常善解人意,也很体贴你。她把金钱和感情分得很清楚。只要她爱你,无论你是腰缠万贯还是不名一文,她都会死心塌地跟着你。

她可能会提出ＡＡ制,各付各的。由此可以看出,她对你并非爱得难以自拔,甚至不太认真。你有钱时,她会很"爱"你;你没钱时,她就会更爱自己。

你的恋人坐在那里岿然不动,无动于衷,摆明了要你全付。那么她所追求的爱情必有一定的物质条件,想做她的男友,首先必须有钱。她爱你,但她要求你更爱她;她不能说不忠贞,但也很自私。

你的女友让你付账单,过后又在超市选购了一堆吃的送给你,那么她一定对你有着强烈的爱意,不爱则已,一爱就死去活来。她喜欢照顾你,对你温柔又体贴。如果你不怕被关怀过度,选择她做结婚对象也未尝不可。

## 如何从约会地点判断对方的爱情观

如今的恋人约会已不再满足于小桥岸边，花前月下，而更注重气氛的营造。首次约会地点也会在不知不觉中反映出恋爱的深层心理。

你和恋人相约见面。她问你："我们在……见面，好不好？"你答应了。你认为她会喜欢在哪里见面呢？一对情侣随着两人的亲密度与约会次数的增加，必然会越来越在意约会的地点。

如果你选择和情人在车站见面，那么，在恋爱方面，你期望着偶然式的相遇。你相信一见钟情并对此深信不疑，希望可在遇到的瞬间即能抓住自己心目中的情人。

但你若过分憧憬电影里的那种奇遇，就可能完全忽略了眼前的好恋人。所以，不要过于浪漫啊！

公园也许是你理想的约会之地。这种选择表明你想与高挑、出众的异性谈一场浪漫的恋爱。

由于你一直认为理想中的异性一定会出现，因而对现实中邀约你的异性，总是持着"才不会跟这种人谈恋爱"的心态而加以拒绝。

现实点，也许你会享受到约会的乐趣，且恋爱成功的机会必会大增。

如果你认为咖啡店约会最好，说明你爱他很深，希望静静地享受你们的两人世界。就如同流行歌曲中所唱的："纵然贫穷，纵然辛苦，也会永远伴随着他……"

如果你是一位女性，喜欢在恋人的家中约会，那么，你爱上一个人就会恨不得分分秒秒、时时刻刻和他在一起，形影不离。可是，这也许会搅乱彼此的生活，从而吓走了对方。

感情再好，也不可能时时刻刻在一起。在不把彼此弄得筋疲力尽且能享受到恋爱乐趣的原则下，找出一个妥协点，才能让爱情长久持续。

若你是男性，把约会地点定在女方的家门前，表明你是一个对爱特别执著的人，遇到障碍，也会勇往直前。

但是，如果你老是对对方百依百顺，喜欢你的人就会逃之夭夭了。最重要的是把你的心意准确而恰当地传递给对方。只是被动地等着对方回应，恋爱很难成功。

## 如何从女友与陌生人说话的态度推知她的忠贞度

"我爱上某一个人，爱是一种体温……我只爱陌生人。"王菲唱着《只爱陌生人》，表达了一份在爱情中的微妙心理。与陌生人打交道的确不容易，但也最容易暴露出一个人的心态。

公车内，你与她并坐在一排位置上。突然，她前方座位上有位陌生男性向她问候。这时，她会做出什么反应？从她的反应中，你可以看出她对你是否专一。

面对这位异性陌生人，她若装作没看见，就表明她迷恋你，只想要你陪伴她，其他男性，她一点都不在乎。她的心房已被你占满，哪还有什么空间容纳别人？所以，你不需要疑虑，全心全意地对待她吧！

如果女友马上和对方寒暄起来，则表明她有意吸引其他异性。这类女性很会掌握男性的心理，也善于使男性接受她，并喜欢跟不同类型的男人在一起。但这不过是女孩子的一种虚荣心罢了，不会太严重。所以，身为男友的你必须表现得成熟些。一旦她真心爱上了你，她就会把你们的生活营造得五彩缤纷。

如果她很注意对方，等待他说更多的话，这说明她虽然在行动上表现得很消极，对恋爱其实抱有许许多多幻想。这类女性不能说不专情，但她们更需要男友不断带给她新鲜的感受，否则很容易移情别恋。

## 如何推断她是否已爱上你

女孩的心思男孩你别猜，猜来猜去你也猜不明白。她们的姿态、行为都隐藏在语言之下，微妙地展示着她们的内心活动。

你是否流连在万紫千红中，欲寻觅一位心仪的佳人？尽管你认识了无数美眉，但出于女性的矜持，她们大多含而不露，似乎等着你主动表露心迹。那么，她们当中，谁才真正钟情于你呢？

女性表达对男方感兴趣的姿态千变万化。最普通的一种是理顺或抚摸头发，理理衣服，然后转身注视着镜中的自己；或瞥向一边，望着自己的影子，优雅地移动臂部，慢慢地交叉或放开在男性面前的腿，注视着小腿的内侧、膝盖或大腿。

当你追求一个女人，如果你能更多地懂得她的表情与动作背后的意思，就能在恰当的时机赢得她的芳心。如果她目不转睛，仿佛若有所思地直盯着你的脸，就说明她把注意力都集中在你身上，全心全意而无法自拔了。

当她无意中与你四目交投，无故嫣然微笑，就证明她心中已滋长起爱情的小苗。当她亭亭玉立地伫立在你面前，下意识地不断摆动腿部，在地面画线条、打圈子，也是一种恋爱的表示。要是无论什么地方她都不辞辛苦地愿意跟你一块儿去，那无疑说明她已经偷偷地将整个芳心交给你。

如果她假用借书、借影碟、过生日等借口接近你，眯着眼睛打量你，表示她内心深处正翻涌着爱的波涛。千万不要不解风情啊！

当她偶然在街上碰见你，表现得激动甚至无法克制，脸上透着微红，这说明她已经暗中爱上你。判断出她有意于你之后，要不皆大欢喜，情投意合，要不你继续装傻，慢慢冷淡。感情的事，慎重一点吧！

她是否乐意将你介绍给家人、亲友和同事？如果她爱你，必然非常希望你了解她的生活，也非常希望你融入她的生活。一般说来，姑娘们都会顾忌别人误以为她们滥交。如果她心目中的人不是你，绝不希望你在她的社交圈子中亮相。

她是否很想知道你家里的事？是否常常问及你喜欢的事物？

与男性相比，女性更喜欢幻想。假如她心中喜欢你，你们的交往又很融洽，她通常就已经憧憬着将来适应你，适应你的家庭生活了。为此，她会勤于了解你家庭的事、你的嗜好等方面。

你的衣饰、外貌和情绪有所变化时，她的反应很敏感吗？

她常常会悄悄告诉你一些你不会注意到的细节。"你的脸色有点不好！"下一句就会是："是不是不舒服？"或者："发生了什么事？"她的爱意和关怀会从一些微不足道的细节上体现出来。

## 如何从装饰品推断女孩对你的心态

大街上琳琅满目的装饰品各具特色，或精致、或古怪，充满艺术气息。

周末，你带着心目中的她去逛街。在路过一家精品店时，你的女友对闪烁透亮的饰物爱不释手。其实，女性借装饰品点缀自己，多半还暗示着某种意思。

如果你的女友选择了一个动物形的装饰品，例如兔子胸针、鸽子发卡，那么，她心中一定渴望全世界男人都被她所诱惑，而她却到处留情，一个也不认真。这样的女人往往会令一个对她情有独钟的男人欲哭无泪。不会是你吧?

选择了心形装饰品的女性，内心隐藏着热情却不善表露。她非常在意你，你却总以为她对你热情不够。知道了这一点，你以后就应主动点，好让她敞开心扉。

你的女友也许对星形装饰品非常中意。那么，你们的关系一定很不错，因为她选择的饰物透露出她已经到了对你以心相许的地步。她抵挡不住你对她强烈的爱情攻势，心中早已对你倾慕不已。所以，你就偷着乐吧！

她满心欢喜地买了一串木制项链挂在脖子上，那表明她还对你心存警戒，怕你哪一天对她图谋不轨。她很讨厌被陌生人触碰身体和搭讪。如果你真的爱她，请多多增加她的安全感，做一个负责任的男友。

或许你的女友选择了一只粗大的金色手镯。那你就赶快摸摸自己的钱包，掂量一下自己能否成为她强大的经济后盾吧！你的女友暴露了她对金钱和物质的强烈欲望。她重视经济基础胜于爱情。

她选择了链状手镯，那么，在她的内心深处必有着深刻的恋父情结，喜欢把男友当成兄长，任意撒娇。

如果她选择了手表型手镯，你可要当心。她正犹豫着是否与你分手；要不然就是心中对你有所不满，对你们的关系充满烦恼；也或许是有人正追求她，而她已然心动。你是不是很紧张啊？那就多体贴她一点，试着挽回她的心吧！

## 男女综合篇

### 如何从三人拍照，判断你自己的恋爱心态

恋人比朋友容易反目，这是恋爱关系不如朋友关系之点；朋友没有恋人亲近，这是朋友关系不如恋人关系之处。但友情与爱情都是人生的一大财富。

你和恋人、朋友（或者恋人的朋友）三个人去游玩。玩到兴处，你们打算一起合张影。这时候，你们三个人会以何种方式排列？

知道吗，你们三人的排列方式会暴露出你处理友情、爱情及自我的态度。如果你让恋人站在中间，自己和朋友站在他的两侧，这是一种重视爱情又不忽视友情

的心理表现。你很顾虑朋友，但更重视位于中央的恋人，又不致让自己显得太渺小。

你和男友分别站在朋友的两侧，说明你对目前的恋爱关系缺乏信任感。如果是你那位朋友半开玩笑地硬站在你和你的恋人之间，则表明他正在嫉妒，或是嫉妒你，或是嫉妒他，也或许是嫉妒你们的甜蜜。总之，这样的朋友具有攻击性。

如果你自己站在中间，让恋人和朋友分别站在两侧，这是你渴望博得周围众人之好感的心理表现。这表明你比较看重自我，喜欢成为中心人物。


## 如何从搭公车看你对三角恋的心态

不可否认，爱情是甜蜜的。但是，爱情也是痛苦的，是专一而不可分享的。所以，一旦爱情成为三个人的事，甜蜜就会成为负担。面对三角恋，你作何感想？

恋人人缘好，朋友多，讨人喜欢，他把大部分时间都给了朋友，对你的关心很少，所以这两天你比较郁闷。

当你独自一人搭上公车时，发现车厢中间有两个空位。于是，你想走过去。然而，你面前有一个带着大行李的男子正目不斜视地站着。你往前挤。这位男子瞪眼瞧着你，故意把行李放在地上。此时，你怎么办？

如果你并不理会他的蛮横，而从容地说："对不起，请让一下！"然后穿过去，则表明你在处理三角关系时持有宽容大度的心态。你会认为，既然他那么优秀，我爱他，自然也会有别人爱他。不过，你过于宽容，也会让你的恋人觉得你不够重视他。然而，对你而言，你会忠贞不贰地选择现在的恋人。

如果你带着幽默的口吻，故意调侃对方："你的行李掉了！"那么，在你心中，你对恋人是非常信赖的，情敌的出现并没有让你感到什么压力，因为你相信恋人会坚守爱情阵地；纵然有一点纠纷和烦恼，你也会妥善处理。

如果你无视那个男人的存在，强行挤穿过去，说明你会对出现的情敌心生警戒。情敌实力越强，越能激励你战斗的热情；你会像拼命三郎般争取恋人的心。被你所爱，真是一件幸福的事。

如果你向他抱怨："喂，你的行李挡路了！"说明在你和恋人之间出现第三者时，你会非常恐慌。你怕失去他，对他和自己都缺乏信任，容易陷入无谓的烦恼。

若你无法控制情绪，和这位男子大吵一架或打上一架，说明你对三角恋简直难以容忍，会勃然大怒而胡言乱语，因过度恐慌、紧张而陷入绝望的深渊。这样的话，你就会不战而败，将恋人拱手相让。

### 如何从点蜡烛推断对方的恋爱心态

热恋中的情人邀请好友数人至家中开圣诞舞会。你们定了一个大号蛋糕准备与好友分享。当然，在满是奶油的蛋糕上得插上蜡烛才够气氛。

"插多一点才好看！"

"插两三支就好了！"

　　如果你对恋人的感情还不是全盘了解，不明白他或她对你们的恋爱持什么样的态度，那么，眼前就有一个很好的机会，可以看出对方恋爱的心态。

　　你也许不知道，蛋糕上的蜡烛会显示他或她对恋爱的愿望。插的蜡烛数目越多，表示欲求越多。反之，插的越少，表示只对某一种东西执著。在浪漫的烛光下，温馨的气氛渐浓，人们对恋爱的期待自然也会高涨起来。

　　如果他主张只在中央插一根蜡烛，那么，他对恋爱的期待也许更多地专注于性爱。他对大胆的性爱视如平常。但是，他是忠贞的，恋爱的对象只有一人，并且对此人投入巨大的热情。他是一个现实主义者，认为"现实比梦想"更重要。

　　如果他主张插三根蜡烛，这是他内心充满理智、热情和意志的表现。在恋爱中，他常常表现得非常理性，不会感情用事。他会注重精神和肉体的平衡，在各方面都会用适当的方式面对。但是，面对现实，想取得两者的平衡是很不容易的。

主张插很多蜡烛的人是梦想至上的浪漫主义者，对恋爱抱有各种各样的幻想。这种人恋爱起来重量甚于重质，潜意识中希望有很多异性对其甜言蜜语。但一旦与恋人分手，又很干脆，绝不拖泥带水。

如果他主张使用异形蜡烛，那么他属于恋爱未成熟的类型。对性，他可能表现出厌拒的态度。遇有人谈及猥亵的事，他会紧锁眉头。他尚未脱离幼儿心态，忘了梦想与现实之间有很大的差距。

## 如何从看电影推断他对你的情意深浅

明明知道相思苦，可是，不相思更苦。我爱他，可他整天像个木头人似的，不知道心里想什么。郁闷啊！快崩溃了啊！

别急，咱们姑且试试他，看看他的反应。

你不妨推荐一部你认为很优秀的影片或一本不错的书给他，看他有何反应？

从他（她）的反应中，可以看出你在他心目中的地位。

如果他（她）以最快的速度看完，并和你讨论看后的感受，这就表明他很在意你；但可能出于某种原因，他不肯表达心中的爱意。若是你也真心喜欢他，不妨主动点，向他说出你的心里话，也让他敞开心扉。

若他（她）只是询问内容，并不打算看，表明他对你很友好，但还没有发展到谈情说爱的阶段。你若有心和他继续发展，就主动制造和他接触的机会，让他多了解你。说不定在交往的过程中，他会慢慢地爱上你。

如果他（她）对你的推荐只是礼貌地回应一下，看没看却很难说。那很不妙，你们不过是普通朋友而已。如果你觉得他很不在意你，也不要太难过。你们要从普通朋友发展到恋人，还有好长的路要走。耐心点，人总会被感动的。

如果他（她）对你的推荐显得毫无兴趣，则表明他不但不想接近你，甚至还有点讨厌你。如果你们之间真的相差甚远，或者他是个高傲不可亲近的人，那最好还是不要自讨没趣，千万做好被拒绝的心理准备。

### 如何破译恋人的谎言

爱情最重要的是忠贞与坦诚。有时候，不管双方多么心心相印，也难免会出现谎言。也许他爱得太深，或另有所图。那么，你如何发现对方说谎的蛛丝马迹呢？

说话时避开对方视线的人，一般被认为是在说谎。因为这时候与对方的目光交接，会增加自己内心的紧张。但是，有些狡猾的人已掌握了高深的技巧，他能一边说谎，一边紧盯着你的目光，甚至主动捕捉你的目光。这时你可以听声辨别。

说谎的人，嗓门会比平时高些，有时还会口齿不清，发音出错，语言重复，或是夹杂着比平时更多的"嗯"、"啊"……

说谎者的说话速度和平时也不一样。回答问题前停顿的时间较长，本来说得快的变慢，原来说得慢的又变快。这可能是因为他想让人相信他不是在说谎而故意为之。

你还可以透过微笑，检测他是否在撒谎。一个人在说谎时很少会笑；即使笑，也常是勉强装出来的。

　　有几个途径可以识别假笑：首先，发自内心的笑会使眼角起皱，装出来的笑则不能牵动眼角的肌肉，即使牵动了也是僵硬的，且转瞬即逝；其次，假笑能保持特别长的时间，因为假笑缺乏真实情感的内在激励，所以很难知道其何时结束，而且，假笑是刻意做出来的动作，会保持很久；再次，大多数表情，突然开始和结束，就表明当事者正有意识地运用这种表情；最后，假笑时，面孔两边的表情常常会有些不对称，习惯于用右手的人，假笑时左嘴角挑得更高，习惯于用左手的人，右嘴角挑得更高。

　　除此之外，手部的动作也会传达出相应的信息。说谎时，人的手部动作会明显减少。因为人们普遍认为手会传达内心的想法，因此，说谎时，常常会双手静止不动或是藏在对方看不到的地方。如果他说话时用手势，可以注意一下他的手是否触及他的脸部，因为说谎者会忍不住用手摸自己的鼻子、下巴或嘴，借此减少内心的不安。

事实上，并不能凭借单一的表现方式，准确地识别一个人是否说谎。当一个人说话时音调升高，并不能表明他在撒谎。但是，如果他同时又不自然地笑了很久，还不断地在用手摸自己的下巴，这时，他很可能在说谎了。

如果一个人说："我不是和你说过这件事了吗？"然后才勃然大怒，这多半是在欺骗，他的表情是造作出来的。如果他敲完桌子后才表现出愤怒的样子，显然他也是在装腔作势。一般情况下，面部表情和身体姿势会同时发生，不致出现明显的先后顺序。

总之，观察极细微的表情，可以帮助我们识破谎言。其实，对于常在一起的恋人，由于非常熟悉和了解对方，一方有微小的变化，都会被对方敏锐地捕捉住。所以，坦诚地对待你的恋人吧！爱情到了深处，两人之间不能说没有秘密，但应该没有密码。

## 如何测试在他眼中爱情与事业的轻重

事业和爱情是人生最重要的组成部分。每个人都渴望有一个舞台可以尽展自己的才华，也渴望有一个知冷知热的贴心爱人与自己为伴。那么，工作与爱情的关系应该怎样权衡呢？

恋爱中，你可能非常想知道，在你和事业之间，哪个是他的首选。也就是说，哪一个在他心目中更重要。如果你想知道结果，不妨测试一下。

如果一个星期能增加一天，他最想增加的是星期几？

每一个上班族都渴望能有更多休假的时间。透过对增加星期几的选择，可测知他对工作与爱情的态度及处理方式。

选择星期一的人，他和你的关系恐怕不太好，他（她）常抱怨你忽略他（她）的感受。因为他是个标准的工作狂，赚取面包是他生命的重心，爱情可有可无。

如果他选择星期三，说明他常在爱情和面包间摇摆。有爱人时，他就高喊爱情万岁，把工作摆在一边；失恋时就努力工作，拼命赚钱，认为有了钱，什么样的异性都找得到。

选择星期五的人很有生活情趣，和他谈恋爱是很快乐的事。感情和工作，在他的人生计划表中都占有重要的地位。他希望爱情和工作两者能兼得，不会顾此失彼。

不是那么喜欢工作的人一定会选择星期日。他很看重爱情，是爱情至上的奉行者。对他而言，上班只是为了谋生，因此他希望放假天数多多益善，好让他尽情享受与爱人在一起的美好时光。

无论怎样，你要明白，爱情不是人生的全部。虽然爱的滋生不需要经济做基础，但爱的培养和维持不能没有物质做后盾。

## 如何判断对方对异性的心态

"近朱者赤，近墨者黑。"有时从一个人喜欢结交什么类型的人，也可以分析他的心理。尤其是从异性关系上，一个人的选择最能暴露他的心理。

身材矮小的男性若喜欢身材更矮小的女性，那是由于他对自己的身材怀有自卑感。对上流阶层的女性表示浓厚兴趣的男人，则怀有阶级的自卑感。

迟婚的男人，可能怀有强烈的俄狄浦斯情结，即恋母情结。

追求如父般之男性的女性，怀有埃勒克特拉情结，即恋父情结。

喜欢将自己与异性之间的关系幻想成非常罗曼蒂克情调的人，性格上属于分裂质的类型。喜欢对异性直接表达情意的人，属于忧郁质的类型。始终很注意对方的家世和学历等条件，其人大体属于癫痫质的类型。

有人不断吹嘘自己是一个好色的男人，其实他是因性的自卑而想极力掩盖。

对于异性关系表现得极端严肃的人，不一定是正人君子。看似坦率，往往是在压抑自己对性的强烈兴趣。

## 如何从送生日礼物看对方爱你的程度

有人说，恋爱中的人很狂妄，把两个人的世界当作整个世界。也有人说，恋爱中的人很谦虚，整个世

界就是他们两个人。在这两人世界，卿卿我我，春光无限。尤其是生日之时，更是向对方表达爱意的好时机。不过，情场如战场，这是观察、透视对方心迹的最佳时机，莫忘了巧妙用之。

你的生日到了，恋人当然会选一份礼物送给你。那么，在赠礼和支出时，他会选择什么样的方法？

若他事先没有征求你的任何意见，而是在你生日当天给了你一个惊喜，无论礼品还是支出的数额都由他一人决定，这种举动说明他并没有完全站在你的立场考虑问题。他觉得给你买礼物没什么可为难的，就算你不喜欢，也不过是一件礼物罢了。另一方面，也说明他很自负，他相信自己的选择必然正确。

如果你的恋人告诉你："我付钱，礼物由你挑好了。"倘若这人是女性，则她对你的态度恐怕有点漫不经心，属于不够爱你的类型。倘若是男性，他很可能是想省去购物的麻烦。但一个非常爱你的人，一般是不会在乎那点麻烦的。所以说，你们的关系只能说还不错，但还不到"一日不见，如隔三秋"的程度。

如果你的恋人把选礼物看得很慎重，一定要和你商量礼物的价位和种类，那说明他非常在意你的意见，考虑问题既合理又能照顾你的立场，也说明目前你们的关系非常好，属于心心相印的类型。但另一方面也透露出你们相识并不久，因为这个行为已表现出对沟通或肌肤之亲的愿望。

你的礼物到底要花多少钱？他和你共同商量，但买什么礼物仍由你决定。这种行为表露出，你们在金钱预算上步调一致，在你们心里，对方已经是可以考虑的结婚对象了。也许不久，你们就会踏上圣洁的红地毯。

## 如何从小动作判断夫妻的亲密度

爱情是花，婚姻是果实。花总是美丽的，果实却不一定都是美好的。外表的和谐不一定能说明内在的默契，就像鞋合不合适，只有自己的脚才知道。

一次，有两对夫妇到你家中拜访。根据他们在客厅沙发上的座位和坐姿，你就大概明白了他们之间的关系。两位女士都有很好的气质和谈吐，她们的坐姿却有所不同。

其实，结合传统的上座与下座的观念，从人们的坐姿和选择座位的方式，可以洞察他们的深层心理。夫妻之间也是如此。有些夫妻始终保持着密切、平等的距离；而那些夫唱妇随的夫妻，却可能总是妻子跟在丈夫后面坐。这两类夫妻之间的心理关系当然不会相同。

如果妻子坐得离丈夫很近，并斜着身体看自己的丈夫，那么，她对男方不是心存愧疚，就是依赖甚深，时时刻刻想与丈夫坐在一起。

如果妻子与丈夫距离稍远，那就表示女方婚前对婚事并不是很积极。她比男方显得更有能力，在某些方面更受人尊重，心理上有种微妙的优越感。位置的距离，在一定程度上表明了跟对方之间的心理距离。

一般来说，如果是关系不深的两个人，当他们坐得很近，可能会立刻意识到身体领域受到侵犯，产生不愉快或不安全感。而以身相许或卿卿我我的情侣和感情融洽的夫妻，即使在很宽阔的沙滩上，也会靠近对方坐下。这是一种对对方的心理认同。

感情好的夫妻不仅位置紧密，而且会专注地听对方说话，用眼睛做无声的交流，听到精彩处，还会表示赞赏和肯定。感情不好的夫妻则不但身体距离远，眼神也几乎没有交流，甚至在对方讲话时，任意插话、否定，表现得不屑一顾。当然，某些感情不和的夫妻为了掩盖真相，会表现得比平常更亲密，但眼神还是会显得飘忽、生涩。

如果夫妻二人共同参加聚会，女方总是和其他女人成对交谈，说明其夫妻关系融洽；若女方不顾丈夫，喜欢与男人站在一起聊天，说明其夫妻关系冷淡。

对那些情投意合的夫妻而言，两个人之间做出任何对他们有特别意义的姿态和动作，如相依相偎、心心相印、含情脉脉、相互接受等等，他们都能迅速心领神会。假如他们相互微笑，那么，不露齿的微笑就深含特别的意味，表达出强烈的爱意。

一般而言，无论已婚还是未婚，若是双方相处得很不好，通常就不会随便触摸对方，或者是一方触摸到另一方，对方会迅即闪开。

触摸是拥有占有权的意味，也是一种保护和信任的姿态。在气氛很好的宴会或交际场合中，经常可以看见这种身体上的轻轻接触。若夫妻二人互相碰都不愿碰一下，那他们的关系就可想而知。若他们喜欢挽着胳膊，手拉着手或无所顾忌地亲吻，则两人必定非常亲密。

## 如何判断他是不是有了外遇

一个温柔的女人能唤醒一座麻木沉睡的宫殿。然而，平淡的柴米油盐与窗外的花花世界差距是如此之大，忠贞又谈何容易？

你的另一半最近的表现似乎有点反常，总是深更半夜回家。问他在忙什么，也是支支吾吾，闪烁其词。你很担心他在外面有了女人。

不妨装作很随意地说："你最近好像不太对劲。"如果他马上警觉地说："你在说什么呀？我觉得你才不对劲呢！"反过来咬你一口，那么，他有婚外情就几乎可以确定了。因为面对你的质问，他心虚，所以马上想

"反咬一口"，占据上风，堵住你的嘴，让你觉得似乎自己太多心、太无聊。

如果他愧疚地说："对不起，最近真是太忙，没好好照顾你！"那么，基本上可以判断他没有在外拈花惹草。因为这样的话表明了他的诚意和对你真心的歉疚。当然，也可能他是因为"对不住"你而愧疚。但这也说明即使他真犯了错，也不是心安理得，只要你对他一如既往，他一定会悬崖勒马。

你若单刀直入地问："不会是你外面有了女人吧？"他生气地说："我是那种人吗？"那十有八九，这已经是事实了。因为人在心虚且怕遭到探究时，总会摆出一副无辜的正人君子模样，好像你那么问他，就是对他人格的亵渎。

其实，男人面对妻子的疑问，正确的做法应该是耐心解释，解开她的心结，而不是一副不耐烦的态度。谁叫你形迹可疑呢？妻子总不会连问都不能问一声吧。

如果你什么都问不出来，也没关系，照样可以从他的日常行为里找出蛛丝马迹：

他故意回避你；打公司电话，总是不在办公室，要不就说现在很忙；打手机，不是关机就是无人接听，要不就是在开会或应酬，而且对你的询问很不耐烦。

晚上回到家，你想搂住他，他假装不知你是何意，挪开你的胳膊。家里电话一响，他抢着接。你问他是谁，他含糊地说："一个朋友。"或者说："打错了！"本来不浪漫的他，忽然买起名牌领带和衬衫，每天皮鞋擦得晶亮。

他也可能对你忽然好起来，给你买衣服、买首饰，周末还主动陪你去逛街，下厨给你做饭……你若对此感到惊讶，他会趁此向你表达爱意，令你觉得自己是世界上最幸福的女人。实际上，这一切都是他因为内疚而做的补偿。不过，他能这么做，起码也说明他依然想维持你们的婚姻，维持这个家。

## 如何判断她是不是有了外遇

婚姻是青春的结束，人生的新起点。然而，人生难免有不测之风云，婚姻也可能半路触礁。你的另一半在各种诱惑前若难以自控，就会在行为上反映出她心理的变化。

你的妻子美丽聪慧又温柔，在社交场上风姿绰约，很是了得。尤其最近几天，你发现她回来做晚饭的次数越来越少了，对你好像也变得有点冷淡。由此你担心，她是不是爱上了别人？

夫妻之间的确应该相互信任。但是，在这个浮躁的社会，对方出现了一点反常举动，总难免让人七上八下。所以，做一点小小的试探也无妨。

和妻子亲热时，你可以说："你身上有男人的味道……"如果她神色尴尬或以玩笑搪塞："说什么呀？"那她肯定以自己的行为为焦点，"误解"了你的意思，婚外情十有八九已发生在她身上。如果她仍旧带着"无知"又甜蜜的表情说："当然是你的味道啰！"那么你的妻子并没有背叛你。因为不犯错的人，思维模式还是顺着原路线，她自然认为你说的"男人"就是你自己。

此外，你该注意她是不是在穿衣打扮化妆上用的时间比以前更多了？她是否很注意把自己修饰得更标致？如果那不是工作上的需要，就一定是她的心理需要。

她会不会在周末时急着出去，跟你说，有朋友邀她去逛街？你是不是总找不到她，不知道她到底在哪儿？

也可能晚上回家后，她对什么都不感兴趣，眼睛盯着电视，完全无视你的存在。她总是磨磨蹭蹭，熬到很晚才慢腾腾地爬上床。一旦发现你没睡着，就把身子挺得僵直，生怕你对她"想入非非"，做出什么"越轨"之举——她分明已不把自己当成你老婆了。即使她没有过分抗拒你，也显然"身在曹营心在汉"。这时你大可推断，你的婚姻多半已岌岌可危！

其实，在婚外情方面，识破女人的心比识破男人的心容易得多。因为女人重情甚于理智，很容易陷入而忘乎所以，感情暴露得很明显；而男人总是理性地权衡利弊，看一步走一步，善于克制和伪装。

心理
实验室XINLI
SHIYANSHI

**第二章**

识破交际中的肢体语言

肢体语言与语言的区别在于——肢体上的行为、举止、动作、神情等，能传达出一些也许我们自己都未能察觉到的信息。

当你和一大群新朋友围在一起聊天时，你稍加注意，即会发现他们各有各的动作和姿态。在肢体动作中，手的活动最为丰富，能够充分表达出人的思想活动情况。

某人用手搔头，就表示他感到尴尬、为难、不好意思，或者他是在思考。

用手托住额头，表示害羞、困惑、为难。

倘若有人双手相搓，不是表明他对所说的事很有把握，就是表明他陷入为难、急躁或者局促不安的状态之中。交谈时双手摊开，一般是表示真诚、坦然或无可奈何（若做出耸肩的动作，更能说明他心中必然无奈）。

某人双手叉腰，通常说明他在挑战、示威或感到自豪。

说话时若喜欢玩弄身边的小东西，则昭示其内心紧张不安或百无聊赖。

和你交谈时，如果对方用手指做小幅度的动作，表示他对你的谈话不感兴趣、不耐烦或持反对态度。这时你最好终止谈话。

心里处于焦虑不安的状态时，某些人会习惯将一只手放在桌上或沙发上，不停地轻弹手指；有些人则习惯用手指搓捻纸条或烟蒂。

在面临某一选择而处于犹豫不决或不知所措的心理状态时，某些人往往会不知不觉地用手搔脖子；有些人则会用手搔后脑勺。后一动作也被看做是害羞的表现。

如果某人正情不自禁地摩拳擦掌，表明他对某件事充满渴望和期待。

用手敲打头部这个动作，通常表示懊悔或自责。如拍打的部位是脑后部，则表示这个人不太注重感情，对人苛刻；打击前额的人则多半很直爽。

## 如何从听众的手势判断他们对你的感觉

也许你是个善于在各种公开场合做演讲的人，那你一定对听众无意中做出的手势非常熟悉。很多常见的手势动作会暴露出听众相关的心理状态。

有人在听演讲的过程中会双手抱胸。抱胸这个行为：第一，具有保护人类最重要的心脏之意。因此，这个动作可以视为一种拒绝的表现。第二，由于看不见手掌，可以解释为了防备对手的攻击性行为，在防卫对手的同时，必要时也会转守为攻。

如果听众中有许多人双手抱胸，这表明他们无法接受演讲人的言论。不过，年轻人对于胳膊交抱的行为另有一种新的解释，认为这是一种自我陶醉心理的表现。

如果有的女人把胳膊放在桌子上，顶肘而交叉双手，这也是一种拒绝的表现。这种情况与男子胳膊交抱的心理表现并无二致，犹如以手筑墙，拒人于千里之外。

如果你的听众总是用手摸头，这就表明他正在思考某些问题。大多数人在思考问题，或绞尽脑汁，欲理出头绪时，往往会用手去摸头。不过，由于情况的不同，有时是敲敲头，有时则搔搔头，也可能抓抓头发，或是以手掌揉太阳穴等等。此时，如果手的动作突然加快起来，说明他加快了思考的速度，手的速度与思考速度成正比。当新构思浮现时，抓头的频率往往也会随之加快。

## 如何从伸手的动作判断对方的为人

你会用一只手的五根指头表达出数字1到10吗？很有趣，五指虽少，却有许多不同的变化。和人在某个聚会上初次相识，你有没有观察过对方手指的动作？手指动作的变化与人心的变化总是相映成趣。善于观察的人，很容易从手指的变化中探悉一个人的心理活动。

伸手时五指全部分开的人，表明他心情愉悦，乐观轻松。若他经常如此，必不易患"七情"内伤症。伸手时不自觉分开拇指的人，可能过于倔强和小气，总是"以小人之心度君子之腹"。

伸手时不自觉打开食指者，凡事喜欢独立行动，从无依赖心，不易与人相处；伸手时不自觉打开无名指者，有外松内紧的心理，对外人和蔼可亲，对家庭却缺乏体谅。

伸手时五指并拢者，做事有理有条，小心谨慎，计划性强，但过于细心，对别人要求很高，做不到时易自寻烦恼。伸手时整只手缩卷，表明此人总是怕自己吃亏，认为别人会算计他，做事滴水不漏，非常小心，生活俭朴，精打细算，从不吃亏。伸手时小指分开者，常认为别人和自己不太相关，喜欢独来独往，不太合群。

如果对方手掌向你直伸，那他一定有平等待你之心，你们可以成为一对平等的朋友；对方用双手握住你的手，说明他心理上想留给你一个热情的印象。

如果对方用手握住你的指尖，说明他缺乏自信或生性冷淡。你必须在今后的交往中打破这种距离感。如果他握手的手潮湿，且没有外在的原因，那就表示他心理上一定十分紧张或惶恐。

当对方摊开手掌时，他心理的信号是他很无辜，表现出一种诚恳、顺从的态度。他若一手放在背后，则是他的心理情况很糟，想要隐瞒事实。

## 如何从握杯的习惯看出对方处世的心态

手握杯的动作通常因人而异，这是因为人的心理状态不同。

你应邀出席一个酒会。待出席者彼此介绍，亲切握手之后，就该坐下来喝一杯了。这时，从人们拿杯子的不同手势中，可以在某种程度上看出他们的心理状态。

某女子把酒杯平放在手掌上，一边喝酒，一边滔滔不绝地说话。这反映出她活跃好动，精神亢奋，心情愉快。有的女子是握住高脚杯的脚，食指前伸，表明她只对有钱、有势、有地位的人感兴趣。有的女子喜欢玩弄酒杯，则说明她天真烂漫，只在乎一些小事。有的女子总是不停地把酒杯翻过来，倒过去，这说明她对男人有企图，正在卖弄风情。有的女子爱用一只手紧紧握住酒杯，另一只手则无意识地划着杯沿，这表明她在沉思。还有一些女士喜欢听别人谈话，她们往往紧握酒杯，有时甚至把杯子放在大腿上，以便集中精力倾听。

男人则表现出不同的迹象。如果他喜欢紧紧抓住杯

子，拇指按着杯口，表示他心情开朗，情绪很好。有的
男人把杯子紧握掌中，拇指用力顶住杯子边缘，表示他
心里很清楚自己对某件事的看法。用两只手抓住酒杯的
男人一定是在思考或回忆。有一种善于伪装的男子，他
们总是用手捂在杯子上面，就好像用同样的办法巧妙地
掩盖自己的情感一样。他们从不在别人面前暴露自己，
与这种人打交道，还是小心为妙。

## 如何从喜欢的宠物及收藏品看人的心理

宠物为我们忙碌的生活增添了几许安逸和乐趣。它
们成了我们烦躁和寂寞时的玩伴，有时甚至和我们心心
相印。养什么样的宠物，也和人的心理状态有关。

喜欢饲养猫的人往往独立性很强，想什么做什么，
对待自己和别人都很严厉，甚至称得上苛刻。

喜欢饲养狗的人，一般来说，不是生活较为闲适，
就是寂寞难耐。

有人喜欢饲养脸上有缺陷的狗，这是因为他们大多

对自己的容貌缺乏自信，想从狗的身上获得一些心理补偿。

喜欢饲养大狗的，其人虚荣心极强。不然，就是他们本人很强悍。

有人喜欢饲养名贵的狗，这种人大多都具有歇斯底里的性格，也具有强烈的自我显示欲。若是喜欢饲养典型的东方狗，这种人对事物多半深具猜疑心。

喜欢饲养鸟类或鱼类的人，癖性孤独，人际关系也不是很协调，因而养这类安静的宠物聊以自慰。

溺爱小猫小狗的女性，对于爱情的强烈欲求往往未得到满足。

即使长大成人，也依然不能割爱儿童时代的玩具，这种人内心害怕长大，精神构造如同幼儿，依赖性极强，思维幼稚。

此外，我们也能透过一个人对他人的态度中推知他或她的心理。

终身眷恋父亲的女人，因为怀有埃勒克特拉情结，婆媳关系多半不会圆满。

一直眷恋母亲的男性，因为怀有俄狄浦斯情结，常常会不满意妻子的言行。

有些人十分珍惜象征过去之光荣的纪念品，这表示他对自己目前的境况感到不满。

总喜欢把自己收获的古董、美术品或搜集物展示给别人观赏的人，具有自我扩大的欲望，渴望获得赞美。

## 如何从服装洞察人的心理状态

不可否认，服装或多或少会反映出一个人的性格，以及他的心理状态。

穿着违反社会习俗的服装，即所谓奇装异服，是怀有强烈优越感的表现。

穿着比合适的尺寸更大的服装，表示此人自我显示欲强。

喜穿青色直纹服装的男人，一般对于目前的生活或事业进展深感不安。他们大多精神很脆弱。

爱穿华美衣服的人具有强烈的自我显示欲和金钱

欲，且可能隐藏着歇斯底里性格。

在打领带方面，喜欢本色领带或不爱打领带的人，自我意识都很强。

爱穿朴实无华之服装的人往往认为自己不能太扎眼、太突出，生性有点自卑，缺乏主动性。

一般来说，总体穿着很朴实，独对某部分的服装搭配很讲究，这样的人很有个性，有坚定的自我主张，一方面不喜追随潮流，一方面又想让自己显得有品位，与众不同。

对于社会上的流行事物非常敏感的人多半缺乏自信，认为流行就是好的，所以要藉流行的服饰样式掩饰自己的弱点，提高自己的自信力。

有些人完全不在乎自己的嗜好，一味沉迷于追求流行时尚。这种人往往很孤独，而且情绪很不安定。

有些人对于流行漠不关心，他们虽然个性很强，但也怀着某种矛盾的心理症结，缺乏协调性，不大能变通。

如果有人突然改变对服装的嗜好，表明他的情绪正发生变化，不是遇到了好事，就是倒了楣，反正一定是有事情发生了。

## 如何从手势判断对方的喜怒哀乐

手势可以帮助我们表达感情，也会透露出我们的心理信息。

如果你隔着火车的窗玻璃和朋友交流，你听不见他的声音，只看见他用手做了一些动作，你能判断他想表达什么吗？

拇指和食指摩擦，表示他想得到钱。如果手中有一叠崭新的钞票，拇指和食指勤快地忙着点钱，这时你的心情肯定不会坏吧。这样的经历比较多的人，在拇指和食指摩擦钞票之际，建立了条件反射式的联系；当时愉快的心情又加强了这种联系。所以，一提到或想到钱，很自然地，两只手指就禁不住要擦一擦。

揉搓手掌，暗示对某项活动很有兴趣。一个小孩看见母亲从超市推出一车子东西时，他很可能搓搓手掌，表现出企盼的样子。一位男士经过不懈的追求，终于得到他心仪已久的女孩敞开芳心，面对着心爱的女孩，他可能会反反复复揉搓着手掌，激动地憧憬着未来。有一位公司总裁正主持一项重要会议。这时，秘书送来一张字条。他看完后，立即站起来揉搓着手。不用说，一定有什么好事发生了。一会儿，他果然说："各位，我们争取到了××公司金额巨大的合同。"

用手帕或纸巾擦手，表示内心紧张、不安。因为紧张、不安，手掌上会渗出不少汗水，自然要拿东西擦干。有些男士懒得去拿什么手帕、纸巾，裤子当然是最方便的，所以他们在紧张时会摩擦裤子。

交叉手指，表示盼望好运气。孩子对母亲撒一个无关紧要的谎，或是盼望好运气时，常会交叉手指。经常把口袋里的铜板弄得叮当响的人，都很重视钱。这就是为什么乞丐走过你身边时，总是把铁罐里的钱弄得叮当响，以表示他们需要钱。

两只手指并在一起，表示两人的关系非常亲密。这仿佛在说："我们俩就像这两只手指并在一起般亲密。"

## 如何从站立的姿势推知陌生人的内心世界

真诚的友情，不论在什么时候都是真诚的。虚假的友情，一遇上适当的气候，立即就显露其虚假。

你刚认识一个人，和他面对面站着讲话。且注意他的姿态究竟如何？

如果他摊着双手，和你有说有笑，那就表明他是个没有心机，很容易对人家敞开胸怀的人。他的动作显示出他对陌生人没有什么防范。你遇到一个刚认识的人，他很直觉地摊开手，跟你有说有笑，这除了表明他是一个很直率的人之外，也表示他对你有很不错的感觉，他心底应该很喜欢跟你做朋友。

如果他双手交叉在胸前，身体微微转向旁边，表明他对你没什么好感，但是又不好意思说出来。表面上他还和你谈得来，但他的潜意识里已在催促你赶快离开。他的双手交叉在胸前，是自我防卫的意思，意味着他不是很想跟你面对面谈话。可能是他觉得跟你谈话不自在，所以下意识地把身体倾向一边，一有机会就会转身走开。除此之外，也可由此看出，他在交朋友方面比较保守，对于不熟的朋友，他通常都会保持距离。

如果他把双手背在后面握着，身体正对着你，说明他很喜欢交朋友，而且非常自信。他会主动找人搭讪，不仅不怕生，还以认识陌生人为乐。首先，他在陌生人面前觉得有信心，所以他不怕把自己的胸膛展现在陌生人面前。他没有被攻击的顾虑，甚至把双手交叉在背后，表示毫无恐惧之心。除此之外，他总是以正面面向对谈的人，更可说明他很有自信、很豪气。他在团体中多半居于上司之位。

见到陌生人，或是和第一次见面的人讲话，如果双手叉腰，暗示此人在潜意识中对陌生人有种不安感。或许是他的信心不够，或许是他的气势不强，为了加强自己的气势，所以他双手叉腰，让人家产生他的体积很壮大的错觉。此外，他的身体会不自觉地向前倾。这也是在利用身体语言暗示：他不是好惹的！

## 如何判断朋友对你讲话时的心态

在人际交往中，可悲的不是理解，也不是不理解，而是表面上好像什么都理解了，实则什么都未理解。那么，你的朋友和你真的很知心吗？

你和朋友谈心事的时候，他的姿态可以让你看出他是否真的在听你讲话。

如果他的手不停地抚摸下巴，那么他一定正在沉思，你在讲什么，他必然听不见。不信的话，下次你若见他又不停地抚摸下巴，就问他你刚刚讲了什么？他一定答不上来。这种人虽然喜欢想东想西，但不会去算计人，只是有时候会钻牛角尖，一个人陷入思考的迷宫中走不出来。因为他容易胡思乱想，在人际关系的表现上也比较神经质。

如果他用一只手撑着脸颊，表示他无法专心听你讲话，只期待你快点结束话题，或是轮到他发言。事实上，他也不是真有什么话要讲，只是觉得你的谈话很无趣罢了。这种人通常整天懒懒散散，做什么事都提不起劲，对朋友的事也不会很热心，似乎一整天就想发呆。

他也许用拇指托着下巴，其他手指遮着嘴巴或鼻子。那么，他是个很有主见的人。他似乎不是很同意你的说法，只是不好意思说出来，这种动作就是潜意识中怕一不小心说溜了嘴的防卫姿势。会以手遮住嘴巴或鼻子的人，在心理反应上通常有两种可能：一种是想反驳你；另一种就是他在说谎。你了解了这种肢体反应之后，如再遇到他做出这种姿态，就可更仔细地观察他，看他是在说话时遮住嘴，还是在听你讲话时遮嘴。如果是说话时，那很明显是言不由衷；如果是倾听时，那就是他不同意你的说法。

他若不停地搓耳朵，说明他有点心烦气躁，不然就是很喜欢讲话，不喜欢当听众。如果你发现你的听众一直摸耳朵，那么，你最好停一下，征求对方的意见。不然，很有可能你说你的，他烦他的，你们的人际关系就不容易搞好了。

## 如何从走路的步伐推知对方的处世心态

你一定有过和朋友一起逛街或并肩而行的经历。他的步伐是快是慢，有何节奏，都会透露出他的心理状态。

高视阔步者表现出强烈的自信，想给接近他的人留下深刻的印象。

大摇大摆地走，这样的人虽有自信，但又充满自夸与自满，显得有些轻浮。也许他确实有点让人刮目相看的本事。

左右摆动着走的人一般具有亲和力，什么事都不放在心上，能让人感觉出他的友善，不具胁迫感。

迈开大步走是一种冷酷且具有权势的步态。这样的人是想让人知道他的地位和权威，也可能说明他此刻比较心急。

散步似的步伐常是用来消磨时间，说明这么走的人此刻心情轻松或正在思考。闲逛，信步而走，没有固定方向而且大方随意，这显示出心情的闲逸。

如果你的朋友踌躇不前，时断时续，说明他懒散、徘徊，或缺乏前进的勇气，也可能是无聊，没事做，不然就是在流连什么。

双腿沉重，步态蹒跚。一个人觉得疲倦或心情郁闷时，就会出现这种步态。

无精打采地走，也是疲惫的反映。身体略为前倾，上身有点弯腰驼背，以帮助行走，这种步态最常见于卑屈的下属或体力劳动者身上，他们在心理上总是屈从于别人或不堪重负。

慢吞吞地走，这是生病或精神憔悴时拖着两脚走路的步态。医院里，动过手术的病人最常出现这种步态；大街上，可看到流落街头的老人也这样慢吞吞地走。所以说，这样的步伐表示一种对自己的担心或地位卑微。

蹑足行走，是一种有失光明磊落的步态。一个人若不希望自己的行为被他人察觉，就会采用这种步态。

碎步，走得快但步伐小。这是一种女性夸张的走路方式，说明她有点神经质。

以跳跃的方式走路，每跨出一步，身体就向前跃出

一步。这是一种充满欢乐的步态，显示出走路者的健康
与乐观。

## 如何判断朋友能否为你保密

被朋友伤害，精神的痛楚远多于现实的打击，因为
你的自尊心受到极大的伤害。与朋友相交，必须保持距
离，友谊才会更长久。

当我们为工作、恋爱、生活中所遇到的困难烦恼
时，总会找个好朋友倾诉一番。可是，涉及个人隐私
时，你既想倾诉，又怕对方泄漏出去，那该怎么办呢?

这时你就要看看听你讲话时，朋友的双脚是什么姿
势。透过观察，你会清楚，对方是不是会把你们的谈话
到处宣扬。

两脚并拢直放的人，其危险程度几近于零。这种类
型的人听了你的秘密后，绝对不会四处宣扬。

除了尊重你的隐私之外，这种人还会给你很好的
建议。而且，他也很会自我保护，不是在很特殊的情况

下，他也绝对不会说出自己的隐私。

两脚并拢斜放的人对他人的隐私并不十分关心。即使是好友，他也会保持着冷淡的关系。这种人不会因为觉得有趣而泄露他人的秘密。可是，一旦他嫉妒你，就会到处宣扬你的秘密，用来贬损你，之后又会懊悔不已。

两脚交叉的人，还是不要轻易对他讲出你的隐私。这种人虽然没有恶意，可是听了他人的秘密之后，就会忍不住到处宣扬。不过，由于他并非存心不良，你也不能过分苛责他。反正，隐秘尽量不要跟他说。

两脚分开的人，危险至极。你若相信这类型的人，那就没有秘密可言了。

这种人喜欢四处打探他人的秘密。一旦得知，就像个传播机、大喇叭，马上传遍周遭。不仅如此，他还会把听来的"道听途说"添油加醋，到处乱讲，让你头大。

## 如何判断谈判对手的心态

谈判是为了谋求某种利益。所以，在唇枪舌剑的谈判桌上，你必须步步为营，避免闪失。此时，如果学会从细微之处窥透对手的心态，就能为自己的谈判争取主动，控制好局面，或许还能取得意想不到的收获。

你的谈判对手也许是个表情含而不露的家伙。他话不多，不怒也不笑，身子也挺得笔直。这时你有什么办法能看出他微妙的心理变化呢？

眉毛的变化丰富多彩，可以让你在细微之处发现秘密。

你提出一项议案，对方忽然双眉上扬，表示他非常欣喜或极度惊讶。

若单眉上扬，则表示他不理解，有疑问。

若他皱起眉头，要么是他已陷入困境，要么是他表示拒绝、不赞成。

如果他眉毛迅速上下活动，说明他心情愉快，内心赞同或对你表示亲切。

如果眉毛倒竖，眉角下拉，说明他极度愤怒或异常气恼。

眉毛抬高，表示他对你的意见"难以置信"；半抬高则表示他"大吃一惊";若没有一丝变化,眉毛很正常,则表示他"不作评论"。

眉头紧锁,表示他内心忧虑或犹豫不决;眉梢上扬,表示他乐于接受;眉心舒展,表明他心情坦然、愉快。

## 如何从眼神窥破对方的内心世界

眼睛是心灵的窗户。透过这扇心灵之窗,我们可以解读他人内心深处的世界——因为人无法完全控制自己的眼神,使之按照自己所表达的需要或喜或悲。所以,回访那对丰富的心灵之窗,我们就可以轻而易举地掌握别人的心理。

比如,在交谈中注视对方,是想要强调内容以引起他的注意;与人视线一触即开,大多心存自卑——但看异性后迅速转移目光,要么是这异性太难看,要么是对对方有着强烈的兴趣;仰视对方表示尊敬,俯视对方是想要确立自己的权威;斜眼看人表示对人没有兴趣但又怕被他发觉……等等。

　　首次见面，先移开视线者分成两种情况：要么不敢对视，心虚，所以先移开视线；另一种情况恰恰相反，或许不屑一顾，觉得对方担当不起自己的"注目礼"。

　　瞄一眼随即闭眼是一种信任的表示。他是在说："我相信你，大胆干吧！"

　　眼睛上扬，眼瞅上方，这人十有八九在撒谎。这种动作意在假装自己无罪，似乎在说："我很无辜！"其实，他是"有问题"的。

　　眼眸晶莹欲滴，似乎要落泪，表明情绪很激动，或悲或喜，心情起伏很大。

　　大力地眨眼，表示："太不可思议了！简直无法令人相信？！"连续眨眼是在卖弄风情，引起注意。挤眼睛，表示双方之间有默契，心有灵犀；初次见面便挤眼睛，则具有挑逗意味，有点暧昧。

　　目光闪烁不定，表示心绪不宁，也许很无聊。

　　总之，张飞打架时的眼神和贵妃出浴时的眼神有着天壤之别。注意别人的眼神，或许可以窥破其内心。试试吧！

## 如何判断对方的"目不斜视"

你自认为是一位美女，走在街上，周遭的人回头率不说百分之百，也起码过半数。一次，你登上一辆公共汽车，几乎所有人都对你的美丽侧目而视，偏偏一位衣冠楚楚、长相斯文的男士只用余光扫了你一下，之后便目不斜视，一本正经的样子。

不要以为此人对你毫不重视，他的姿态含有很多层意思。

看了异性一眼，就马上故意收回视线，面无表情，再也不看第二眼，这恰恰表明此人再看的欲望很强。只是，他强烈地压抑下来。

若是一般夫妇两人上街，丈夫对擦肩而过的美女瞅都不瞅一眼，他可能是碍于夫人的面子而自制；若妻子不在身边，他很可能对那美女动手动脚，是真正的色狼。

如果你发现有人正目不斜视地坐着，瞅都不瞅你一眼，他可能是拒绝与你做目光交流，不想与你产生某种默契。他是在告诉你："我和你没关系！"

也有人脸带微笑，却拒绝和你对视。他可能是在暗示你，要你继续探究他，他很快就会欣然"投降"。这是一种诱导的行为。

## 如何从头部动作判断对方的意图

你可能会在一些场合看见某些人并不讲话，只是以一些头部动作传情达意。你能领会其中的意思吗？

头部垂下，它的基本信息是："我在你面前压低我自己！"也可能表示惭愧、认错、懊悔或心里有鬼。如果居上位的人做此动作，则是以消极的方式表达："我暂不想和你谈！"

头部猛然上扬，然后恢复通常的姿态，如果是发生在双方刚刚见面，还不十分接近的时候，它表示："我很惊讶，竟会见到你！"——头部上扬代表吃惊。若你们彼此熟悉而相遇时的距离较远，头部上场同样表示吃惊。当和你熟悉的某人突然明白了某事物的要旨，头部上扬则表示："哦！是的，那当然！"

摇头，本质上是否定信号。

以颈部带动头猛力转向一侧，再使它回复中立的位置，同样是传递"不"的信息。

头部半转半斜向一侧是友善的表示，仿佛是同路人打招呼，传递的信息是："我看见你了！"

若一个人说话时不自主地摇晃头部，而且频率很高，说明他正在说谎，而且试图控制这个动作，但又不能完全控制。

缓慢地晃动头部，则表示惊奇或震惊。很可能他刚得知的消息很不寻常，令人难以置信。他不敢相信自己的眼睛，以至于要晃动头部，才能确信这不是做梦。

头部笔直，表示他很有分量且无所畏惧，即使泰山崩于前，也面不改色。也或许是心里觉得无聊，因而定定地发呆。

头部往侧面移开，基本上是一项保护性的动作，表明这人可能是想借此掩饰脸部，隐藏自己的真实意图。

头部向前伸并面向感兴趣的方向，表明此人心中不是满怀爱意，就是满怀恨意。例如：两个相爱的人伸长脖子，深情专注地凝视对方的眼睛；两个冤家伸长脖子，探出头部，以表示他们不畏惧对方。也有可能是对方渴望吸引你全部的注意力，所以探出他的脸，以阻挡你去看任何别的东西。

头部缩回是回避的动作。

突然把头低下以隐藏脸部，表示谦卑与害羞。在心怀敌意的情况下，把头低下，表示他很紧张，以致脖子酸痛。这时，他的眼神并没有随头部下垂。

抬头是有意关注的表现。例如，一个人原先低着头，忽然传来一声响，他赶忙抬头，表示他被打搅，想探求是怎么回事。

头部后仰是势利小人或自负之人的姿态。一个人会把头部后仰，表示他沾沾自喜、桀骜不驯，自认为优越而存心违抗。基本上，这种姿态是挑衅的而不是温顺的。

头部斜放，是假装天真无邪或故意卖俏，即表示：我只是一个小孩——言下之意：你要在意我、爱护我！

头部低垂的动作，表示深觉厌倦。

### 如何判断身边人的某种心态

乘公车或地铁的时候，座位上的人姿势各不相同。你可以透过他们的坐姿，窥探他们的内心。

浅坐在椅子前方而不靠向椅背的人，多半是在赶时间，或对眼前的人和事物有所顾虑，抱着强烈的警戒心理。平常都采取浅坐姿势的人属于神经质、不甘寂寞的类型。他们有时会因过度在意细枝末节而吃亏。

仰靠椅背，稳若泰山，坐在椅子上的人不是具有优越感就是很自信，内心很安稳。他们行动敏捷，具有贯彻自己想法的强烈执著。

如果有人采取这种坐姿而双手环抱胸前，表示其个性尤为顽固。对身边的人越没有警戒心时，他们就越会深坐在椅子上。

坐在椅上而立即跷脚的人，是想自我显示精明能干的表现。

双脚并拢而坐的人，多半是对别人表示不关心或以轻松的心情面对所接触的情况。若他很讨厌束缚，也会采用这种坐姿。

跷脚时左脚在上的女性具有追求冒险的强烈欲望，对任何事都表现出积极的态度，以自我为中心。她们喜好夜晚的情调。因此，若要与这种女性约会，最好选择饭店的交谊厅、高级酒店等。

跷脚时右脚在上的女性绝不会主动与男性接触。她们有点喜欢搬弄道理，讨厌时髦又缺乏男子气概的男性。与这种女性交往，如果她有事相托，只要负起责任，真诚地帮忙，即可提高自己的信誉。

双脚往右或往左倾斜而坐的女性自尊心极强，渴望受人瞩目。因此，在交往的过程中，必须注意不要伤害到她的自尊心。追求的要领是：赞赏其貌美或格调高雅，把她当成贵夫人，这样才能满足她们那种自恋的心。

坐时脚掌交错的女性多半具有少女情趣。她们倾慕父亲型或大哥型的男性，追求柏拉图式的男女关系。因此，突如其来的接吻或性要求，会使她强烈反抗，从而厌恶你。她们对男性的警戒性极强。因此，最理想的追求方式是利用电话邀约。交往的秘诀是：以和善的忠言使其敞开心扉。

## 如何推知同事的心事

在一间宽敞的办公室里，你和同事们坐在各自的位置上闲聊。这时，不同的坐姿就反映出你们不同的心理。

有一同事正襟危坐、目不斜视，一副和你们的谈话毫不相干的样子，那么他一定是个行事周密而讲究实际的人。他是在极力掩藏自己，生怕被大家看透什么。

喜欢侧身坐在椅子上的人，往往对聊天的兴趣很大。只要自己心里感觉舒畅，他不在乎有没有给人留下好印象。

如果他身体弯曲，双手夹在大腿中间，不是因为冷就是自卑感很重，或因过度谦逊而缺乏自信，在不知不觉中采取了防卫姿态。

手脚大大咧咧敞开而坐的人，具有上司的气质和支配欲。此时他极有可能是谈话的主角。他这种开放的姿态，表示他可以接纳、支配在场的任何人。

一条腿放在另一条上的动作，通常是害羞、忸怩、胆怯和缺乏自信心的表现。

盘腿而坐的人，如果是男性，通常还会握起双拳，放在膝盖上，或双手紧紧抓住扶手；女性则通常双手自然地放在膝盖上，或一只手放在另一只手上面。经过研究证明，这是一种消极地制止思维外流、控制情感的表露、消除紧张的情绪和恐惧心理的警惕或防范他人的坐姿。

将椅子反转，跨骑而坐的人，表示其正面临言语的威胁，对他人的谈话感到厌烦，或想抵制他人在谈话中的优势，故而做出这种防卫之姿。具有这种习惯的人，总想唯我独尊，在团体中称王称霸。

在他人面前猛然坐下的人，表面上虽然是一副随便、不拘小节的样子，其实他内心正隐藏着不安，或有心事不愿透露。

坐在椅子上不断摇摆、抖动腿部，或用脚尖拍打地板的人，表示此人内心焦躁、不安与不耐烦。这样的举动有时是为了摆脱某种紧张感。

与你比邻而坐的人若是有意识地向外侧挪动身体，说明他在心理上希望与你保持一定的距离。

喜欢与人面对面坐着的人，与并排而坐的人比起来，更希望自己的内心世界能被对方所理解。

斜躺在椅子上的人比坐在他身边的人更具有心理上的优越感，或者内心希望居于比对方更高的地位。

挺直腰杆而坐的人，极可能是为了向对方表示恭顺之意，也可能是被对方的言谈所吸引，激起浓厚的兴趣，或者欲向对方表示心理上的优势。

## 如何判断谁是你真正需要的朋友

朋友固然能够帮助你建功立业，但关键还是在于你本身能否成大器。

有四个人同时和你认识，和你聊天时各有不同的姿态，你会和谁做朋友？透过这个，可以判断你自己的心理状态：你是不是会依赖朋友？

如果你喜欢和眼睛直视你、头抬得很高的人做朋友，这暗示你需要安全感，或是不想出风头。你所选择的这个人会直视着你，表示对你很关怀，也有可能是想用他锐利的眼神压过你。从心理气势上讲，他是想支配你。他头抬得高高地看着你，是一种把你放在低位的暗示，以显得他高高在上。因此，你喜欢和他做朋友，就可以说你是被他的气势吸引住了。这就表示你是个喜欢有依靠的人。

和一手横在胸前、一手摸鼻子的人做朋友，可能连他在想什么，你都不知道。你最好不要和这样的人称兄道弟，否则怎么被卖了都不知道。而且，你选择的这个人，很聪明又很有心机。因为，第一，他一手横在胸前，暗示他不敢和人坦诚相见。第二，他和你聊天时一直摸着鼻子，暗示他不是在欺骗你，就是不同意你的说法。

选择双手交叉胸前，脚也交叉站立的人，说明你是个比较喜欢照顾别人的人，而且你没有心机，喜欢和老实、忠厚型的人做朋友。你不喜欢动脑筋去算计人，做人脚踏实地，因而不喜欢矫揉造作、油腔滑调的人。你的直觉可以告诉你该选哪种人。他双手抱胸，暗示他很不安，可能不善于交际。他的双脚也交叉着，说明他是很紧张的人。由这些信息，可以判断出他是个很拘谨的人。这种人虽然比较钝感一点，却很值得交往。

如果你很喜欢和那种双手放在背后，身体正对着你的人做朋友，这就表示你很希望有一个坦诚的朋友。他把双手背在身后，表示他对你的存在不具备任何防御心。你喜欢和这种人交往，也表示你没有心机，也想对朋友坦诚。

## 如何从购物揣摩对方的为人

购物时，会反映出购物者的心理状态、个性脾气及金钱观念。有人把购物的英文Shopping翻译成"血拼"，意在借着文字讽刺购物的盲目、不理智。下次当你和朋友、家人一起逛街时，不妨用心观察他们的一举一动以及特殊喜好，进一步了解他们的内心世界。

有些人在完成一件艰难的任务、长期努力工作、终于获得老板加薪、或是连加几天班后，会突然兴起一股强烈的购买欲，想要好好地犒赏自己一下。这是一种补偿心理。

有的人在心情沮丧或压力过重时，会借着"大吃大喝"获得满足；有的人则是借着"大买特买"舒解压力。遇上这种购物狂，只要商店店员懂得讨他开心，他就可能莫名其妙地买下"一大堆"一辈子都用不着的东西！

总是千方百计把自己喜欢的东西买回家，否则会日思夜想，这类人就是有着占有心理的典型购物狂。

对占有欲强的人来说，不吃东西不会饿死，不买东西却会难过得要死。因此，他宁可削减伙食费，以贴补置装费。总之，喜欢的东西再贵，他也要买回家。

具有虚荣心理的购物狂最大的乐趣在于炫耀他所购买东西的价值以及自己的眼光。一般来说，这种类型的人很喜欢跟亲朋好友"比较"双方购买的东西。譬如："你这件衣服在哪里买的？啊！我这件外套是世界知名设计师阿玛尼设计的！"一旦有人称赞他的"品位超群"或"眼光独到",立刻就满足了他的虚荣心理。

有些人上街买东西前,会依自己的实际需求,列一张购物清单,然后按着清单逐一购买,对不需要的东西很少"多看一眼"。

他们在交朋友的时候,也喜欢列一张"交友亲疏单"。他们不会对所有的人都一视同仁,而会依彼此交情的深浅、好坏,给予不同的"差别待遇"。

这种类型的人有着按部就班的心理,做事有很强的原则性,绝对不会随性之所至,想到什么就做什么。

## 如何判断对方是否接受你的谈话

青春年少的时候,我们渴望友情,因为我们渴望理解;人近中年,我们渴望友情,因为我们需要心灵的交流;到了晚年,我们更渴望友情,因为我们需要心灵的滋润。

和朋友在咖啡厅聊天,从他和你谈话的姿态,可以看出他对你的重视程度和感情。

　　如果他是跷着腿，头仰起喝咖啡，这就暗示他不是很同意你的看法或说法，或是对你的谈话不感兴趣。因为，他跷着腿，就表示他对你有所防范。仰着头喝咖啡，则暗示他不想再听你讲话，借着这种动作，暂时离开你的视线。所以，尽管他是你的好朋友，如果他做出这样的动作，你最好改变话题，不然就把说话的机会让给他。

　　若他双手枕在脑后，身体向后仰，那么他一定不是跟你非常熟，不然就是很自我。即使是在听你讲话，他也要让自己很舒服，不像一般人会尽量表现出很专心听的样子，目光注视着你，腰杆也挺得直直的。他之所以会双手枕在脑后，一来表示他不想挺腰，二来他不想动脑筋；加上身体往后仰，更是暗示他不想听你讲话。如果你们不是很熟，就是他对你有成见，故意给你难堪。做出这种姿态，是非常不礼貌的表现。

　　你在讲话，这个人头低下，眼睛斜视别处，暗示他正在想一些心事：或许不同意你的说法，或许思考着如何回答你的问题。一般来讲，在对谈的场合，头会低下的人不是认罪，就是有沉重的心思。一来他头低下，可以专心思考，二来他怕心事会从眼睛中泄漏出去。所以，他除了低下头，还尽量斜视，不让你看到他的眼睛。

双手放在胸前并握在一起的人，基本上是一个很好的谈话对象。他除了会很专心地听你讲话之外，还准备好了要和你讨论。他很有自信回答，迫不及待地想要发言。

## 如何从花钱上推知对方的心态

喜欢根据预算用钱的人，很怕浪费每一分钱，属于吝啬型。这种人虽然很守信用，可惜很缺少人情味，不谈感情只认钱，一切行为都很冷淡。

有钱时花钱如流水，钱紧张时则一毛不拔，这种人属于躁郁质的类型。

不惜借钱也要买自己喜欢的东西，是典型的歇斯底里性格。这种人不懂得隐藏自己的欲望，虚荣心很强。

有的女性时常冲动地购买东西，其中可能隐藏着欲求不满的心理。

生活方面很节省，却不惜耗费巨资在自己的兴趣上，这种人偏执，不善应酬，交际不广，但一旦遇到趣味相投的人，就会视为莫逆之交，推心置腹，无话不谈。

对储蓄津津乐道，把存钱看成一种目的，这种人大体上对金钱怀有强烈的自卑感，对未来缺乏自信，总想平平稳稳过一辈子。

即使牺牲生活费，也念念不忘投资生意，这种人对自己的行为总有一套说词。因为不这样，他们就不能心安理得。

不信任银行，只信任现金的人，属于内向的性格分裂类型。

## 如何破译搂腰搭肩的真正用意

和人相处、尤其和亲密的人相处时，好友间也许不自觉地就会把臂膀搭在对方的肩膀上，恋人间会很自然地搂住对方的腰。你知道这些动作的真正用意吗？

　　你和恋人并肩过马路，他的手不由自主地绕到你的身后，轻轻揽着你的腰，这是一种保护你，让你紧跟着他，以免你受到伤害的表示。

　　你和恋人边走边说笑，你突然说了一句什么，触动了他的心弦，他会欣喜地搂一下你的腰。这是向你表示，他感到很温馨，更加爱你，想和你更亲近。若平时他就很喜欢搂住你的腰，那是向别人也向自己宣称：这个人属于我。总之，若对方对你没有亲密温馨的感觉，不太可能会搂你的腰。

　　男孩子与自己的好哥儿们总喜欢互搭肩膀。这是一种归属心理的表示，即"我们彼此信赖"、"我们关系很亲密"。女孩子若把手搭在对方的肩膀上，也表示类似的意思：我们的关系很不错！她们很反感关系一般的人把手搭在她们的肩膀上。

　　当然，也有些人，为了与别人套近乎、攀交情，就故意和人做这种搂腰搭肩的身体接触。会面时互相拥抱，甚至亲吻，这是一种礼节性表示友好的方式。

## 如何判断邻居欢不欢迎你

俗话说："远亲不如近邻。"邻里间应该互相帮助，亲似一家人。

你刚搬到新居不久，左邻右舍还不熟悉。于是你好不容易腾出个礼拜天，想去邻居家拜访一下，也算交个朋友。那么，他们欢不欢迎你呢?

有的人虽然嘴上说"欢迎，请进"之类的热情话，语气中却透出冷淡的意味。他们家明明不需要换拖鞋，却偏偏告诉你把鞋脱了，让你陡生一种繁冗之感，自然不想久坐。如果邻居马马虎虎、慢腾腾地给你倒了杯水，然后自顾自收拾起房间来，那显然没有坐下来跟你聊的意思，你还是知趣地闪了吧!

如果你进去时邻居正在打电话，见你来了，他也没有放下电话，招呼客人的意思，而是敷衍地问候了几句，让你独自在客厅看电视。那么，他肯定无招待之心。

当然，礼貌周到的邻居也未必真心欢迎你。

他很热情地招待你坐下，然后自己坐下，双臂弯曲，倚在脑后，虽注视你却心不在焉。他的动作分明是在告诉你，这种姿势他撑不了多久，你最好快点走。和你交谈时他跷着二郎腿，位于上方的脚还不停地抖动，这也表示他对你说的话一点兴趣也没有。

初见面的邻居，毫不客气地提出牵涉到你的自尊心的问题，你不要以为他对你有好感，想了解你，是在关心你，事实上他是要探索一些你的弱点，以备将来可以更有针对性地对付你或利用你。他肯定是个颇有心机、心术不正的人。对此，你必须提高警惕，以免吃亏。

如果你们谈了好一会儿，对方才想起什么似的说："啊！抽烟抽烟！"一面把烟盒推过来。这个举动表示他接受了你，对你有了好感。如果他把手插进裤袋，显然他是沉迷于自己的世界，对你的到访不加重视。

## 如何从口头语推知对方的处世心态

口头语最能表现人的个性。或许有人反对这种说法，认为服饰、发型最可以表现人的个性。不可否认，服饰、发型是个性的表现，但这些外形的装扮是善变的。人的语言特色却不会改变。因此，注意分析一下某人的语言，不仅可以透视他的个性，甚至可以探知他的心理活动。

你的谈话对象经常使用"果然"，他的根本目的在于强调自己的主张，希望引起你的注意。这种人通常以自我为中心，与经常使用"其实"的人，性格有点类似。

经常使用"我"的人，要么因为缺乏自信而心虚，要么地位很卑微，希望以强调"我"，让你注意到他。

你告诉某人某事。他说："我早就知道了！"意即：我是无所不知的，还要你告诉我吗？这种人有着表现自己的强烈欲望。

有人告诉你一件事，反复强调："我说的是真的！"他这样说，确是强调事实的真实性，但强调过多。所以，他说的未必是假的，但可信度要大打折扣。

经常使用"你应该……"、"你不可以……"之类词，表明此人具有很强烈的支配欲，喜欢支配别人，表现自己的权威。

在公众场合讲话时常用"这个……"、"那个……"，表明说话者的思维并不是很连贯，需要借助"这个……"、"那个……"的停顿调整思路；或者，当陈述某事时经常使用这两个词，表明他有可能在撒谎，企图以此自圆其说。

几个人闲聊时，某人好说："确实如此！"这说明他对谈论的事所知不多，没有什么高明的看法，只能做个应声虫。这种人相对较为浅薄。

与人辩论时，对手好用"绝对"、"绝对是"之类的辞，说明他对自己的观点深信不疑，主观性很强，很武断。

## 如何从讲话习惯判断对方的真实内在

在某些场合，说话时常常欲言又止，吞吞吐吐。这一刻，此人的心理密码或真实动机已经外泄。

在正式场合中发言或演讲的人，一开始总是先清喉咙者，很可能是为了掩饰自己的紧张或不安。

说话时不断清喉咙，改变声调的人，可能有某种焦虑情绪，不然就是在撒谎。

有的人清嗓子，则是因为他对问题仍迟疑不决，需要继续考虑。一般而言，有这种行为的男人比女人多，成人比儿童多。儿童紧张时，一般是结结巴巴，或吞吞吐吐地说"嗯"、"啊"。也有的人喜欢习惯性地反复说："你知道……"

故意清喉咙，也可能表示一种不满的情绪，意思是说：你再不听话，我可要采取行动了。也或许是在提醒你：我在这儿，我来了。

口哨声可能是一种潇洒或处之泰然的表示。但有的人会以此虚张声势，掩饰内心的惴惴不安。

说话时支支吾吾，是心虚的表现。

声音阴阳怪气，非常刺耳，说明说话者心怀鬼胎，卑鄙乖张。

有叛逆企图的人说话时常带几分愧色；声音平和的人，心也平和。

心内清顺畅达之人，言谈自有清亮和谐之音。

喋喋不休的人必定内心浮躁；心中有疑虑的人说话总是模棱两可；善良温和的人话语通常不多。

说话时总是如小桥流水，平柔和缓，极富亲和力的人，他的内心必然柔和平静。

## 如何从笑声推知朋友对你的态度

笑是人与人之间交流感情、传情达意常用的方式。笑的种类很丰富，不同的心情、不同的心态、不同的性格之人在同一场合，赋予笑的内涵也不一样。

和朋友闲聊时，你讲了一个笑话，把大家都逗乐了。这群人有男有女，都是些平时和你交情不错的朋友。哈哈大笑的人比较开朗、豪迈，和你之间毫无芥蒂。这种笑，说明你们的关系很融洽、和谐，是很要好的朋友。

微笑的人比较内向、害羞。如果是异性在你说话时微笑，说明他很欣赏你，甚至有点喜欢你！

窃笑的人比较内敛，慧于内而敛于外。尽管他很乐，仍会努力地克制自己，不让自己得意忘形。

冷笑的人，很明显，他对你不屑一顾，甚至鄙视你，但在面子上又不得不哈哈两声敷衍你。这是典型的"皮笑肉不笑"。

## 如何推知沉默的背后

沉默是金。在交际活动中，我们有时会碰到一些沉默的人。其实，很多时候他们并不是因为性格内向才不说话，而是出于不同的心理需要。

你向一位同事探听他知不知道公司最近要裁员的事。他保持沉默。那么：

第一，他很可能知道这件事，但不想告诉你。他怕一旦告诉你，你会继续向他探听，让他说也不是，不说也不是，徒惹一身麻烦。

第二，他根本不知道有这回事，但他认为自己应该知道，怕在你面前丢了面子，只好沉默，故作高深。

第三，他认为以沉默待你，可以从你这里得到更多的资讯。由于他的沉默，你很可能认为他一无所知，就无所顾忌地大谈特谈，把你的个人意见、对某人某事的看法统统倒出来。最后，你没从他那儿探出点什么，反倒让他"收获"颇丰。

你和一群人聊得海阔天空，只有某个人保持沉默。可能是他对你们的话题毫无兴趣，或是若有所思，正在考虑与话题无关的事。也可能他是在用沉默掩饰内心的空洞。他不说话，大家也不知道他肚子里真的没什么墨水，反倒可能觉得他高深莫测。

沉默也有拒绝的意思。如果你向一个人提出要求，他不说话，那他或许是不愿照你的话去做，用沉默表示拒绝。

有时候，沉默比敷衍更让人感到信任。有人问你，他身上的衣服好看吗？与其违心地说"好看"，不如沉默。他自然会明白你是觉得不好看才沉默的。另外，你若想感化别人，对人有所触动，也不妨在他自以为是地吹嘘自己时保持沉默，只管做自己的事，时间久了，他自然会明白你的意思，也就不会在你面前神吹胡侃。

## 如何推知对方说"随便"的含义

有一次，和朋友吃饭。你问他："想吃什么？"

"随便。"他想都没想。

"随便？那好！伙计，来盘清炒随便！"你灵机一动。

朋友乐得哈哈大笑。

你向朋友征求意见，他说"随便"，反映了他的五种心理。

一种是他根本无所谓，压根儿对你说的事没什么兴趣。

另一种是他真的没什么主见，觉得自己难以做出有效的选择，只好说怎么着都可以，随便。

还有一种就是他反对这件事，但碍于你那么有兴致，不好驳你的面子，直接拒绝会伤了彼此的感情，于是用"随便"这种索然无味的话敷衍你。

也可能是他尊重你的意见，想让你做决定，期待你亲自"领导"他，又不好直接表达这种意思。他说"随便"，决定权自然而然落到你手里，他只需听你的。

第五种是表示客气。他是宾，你是主，他不想喧宾夺主。

当然，总对别人的征求说"随便"，不太礼貌，显得没诚意又缺乏主见。总说"随便"，会让人觉得你是一个嗜好、兴趣、生活方式都很"随便"的人，可能使你和朋友的话题无法继续下去。

### 如何从话题洞悉对方的处境

你一定有三、五个人聚在一起闲聊的经验。你们常聊的话题是什么？常聊的话题会折射出一个人的性格，从话题中，可以窥见他们的心态。

喜欢谈论他人的隐私并追根究底的人，大多有强烈的支配欲。当他与人交谈时，话题总是围绕着别人打转；就算是和自己没有多大关系的人，他也喜欢评头论足，说长道短。这种人缺乏知心朋友，心灵空虚、孤独，只好用这种方式排遣寂寞。

话题总是离不开自己的人，常自我陶醉，有明显的自恋倾向，属于以自我为中心的类型。这种人太关心自己，深信这个世界因他而存在，别人都是无足轻重的配角。

在谈话中总发牢骚的人，大多有压抑心理。从牢骚里可以发现他的心态。抱怨薪水太低的人，其实是不喜欢自己的工作，透过抱怨工资低，把不满的情绪表达出来。贬低上级主管的人，大都满心希望出人头地，却又力不从心。这种爱发牢骚成癖的人，除了心理压抑和心存不满之外，还怀有一种虚荣心。

总是把当年的"光辉史"抬出来的人，在现职的表现大多不理想，无法适应，所以喜欢在部属、同事，特别是比自己资历浅的人面前大谈过去的风光史。嘴边老挂着昔日的丰功伟业，回忆起过去总是洋洋得意，这种现象表明了这个人现在的工作能力无法在现有职位上取得成绩，只好忘却目前的失落，寻求精神胜利。

总是无视他人的谈话内容，自说自话的人，其支配欲、表现欲均强。

谈话时不断变换话题，东拉西扯，说得杂乱无章，让人摸不着边际，这类人大多思维不集中，不能进行逻辑思考。

总不提出自己的想法，只是附和别人或顺着别人之话题的人，大多出于体贴别人，不做无谓的争论。如果你和朋友交情相当深厚，他却使用客套话与你相交，表示此人内心存有自卑感或者企图隐藏自己的真实意图。

故意使用粗话的人，其内心是想与对话者拉近心理距离，或是希望自己占优势。

谈话中经常使用"但是"或"不过"等连接词者，表示此人边说话边在思考。经常使用"嗯……""有点……""这个……""那个……"等用语的人，语言表达能力较差，说明他思考不充分，并且有些紧张、迟疑。

## 如何判断和你打招呼的人

一般人在与人交往时，都难免重视外表的修饰、打扮。在人际关系中，"打招呼"可说是心理上的"打扮"，打招呼时给人的印象，会直接影响到他人对你的评判。透过观察人们打招呼时的言谈举止，可以大致推测其当时的心理状态。

见到熟人，边走边举起手打招呼的人可能是上班快迟到了，他急于赶路，或是有重要的事等他处理。总之，他的心情很急躁。

心不在焉，甚至有些垂头丧气地与人打招呼，这类人要么心情极度低落，受到挫折，要么就是在思考问题，再不就是他有点讨厌招呼的对象，打招呼只是顾及礼貌。

打招呼时明眸善睐、神采飞扬，不用说，这小子肯定碰到什么好事了！

打招呼时边碰对方的肩或手，边说"您好"，这种人很热情，有着与人交往的强烈愿望。他想套套交情，与你近乎点，以表现自己的热情。

## 如何推知送礼人的目的

礼尚往来，礼品必不可少。送的礼品不仅可以传情达意，也可显示品位。送礼送对了，较能轻易地办成事。所以，送礼品的招式越来越讲究了。礼物可透露出一个人的观点。由此，你可以判断送礼的人到底想找你做什么。

以酒类为礼的人，多半是送给与生意有关的人，感谢其照顾，并希望对方以后更加关照他。

赠人食品的人，针对的不是一对一的关系，而是顾及对方的家人。这种人希望借着浓厚的关怀之情，获得对方家人的喜爱。

衣物一般送给感情亲密的人，表明永远与对方相依的意愿。

赠人领带、鞋子，有着想牵对方鼻子走的意思，赠礼者多半是支配欲强、专断独行的人，与人交往时，总强调自己的原则。若你身居要职，送你这种礼物的人很可能是想拉你下水，为他所用。

以各地的名产、只有在特定商店才买得到的商品，或是与兴趣有关的货品等作为赠礼的人，是希望受赠者理解自己的心意，并期望得到对方的感谢之辞或回礼。

## 如何从唱歌推断朋友的处世心态

卡拉OK已经是一种极为普遍的娱乐方式。茶余饭后、工作之余，即兴哼上一曲，别有一番情趣。

周末，你和同事有意去放松一下，于是就邀上七八个人，浩浩荡荡地前往卡拉OK店。你发现，唱歌时，每个人的表现都有所不同。那么，他们各有何种心态?

有些人来者不拒，别人要他唱他就唱，却从来不练唱，即使唱得结结巴巴、节拍大乱，他也不在乎。他这是抱着一种"应付"、"凑合"的心态。

这种人几乎做什么事都不投入。唱歌时他抱着"应付"的心态：歌有唱就好，管他唱得好不好；上班时则抱着"打混"的心态：事情有做就好，管他做得好不好。

做什么事都不投入的人，交朋友时自然也不可能很认真。除非别人主动跟他联络，否则他就像断了线的风筝，轻飘飘地不知道飞到哪里去了。

每次唱歌，有些人总会先找一大堆借口，推说自己不会唱。譬如："某某的歌唱得比我好多了，应该先请他献声才对！"结果推来推去，好不容易"说动"他拿起麦克风，这下可不得了，他可以把齐秦的歌从第一首唱到最后一首，嘴里还不断强调："我今天喉咙不舒服，唱得不好！"言下之意是：如果他不是身体"微恙"，天王刘德华哪里是他的对手？他的心里其实很在乎别人对他的看法，想表现才华又想表示谦虚和低调，结果反倒让人觉得虚伪。

唱歌时只唱自己欣赏的歌手的歌，而且全神投入，旁若无人，这样的人必然很执著又内向。他心里无非是在想：别人的歌，我唱得没意思、没感觉，何必呢？

不过，唱歌时他们百分之百掌握主动权，工作时可没法这么自主。任他再顽强、再坚持，依然得向现实妥协，要不然就会变成冥顽不化的死硬派。

　　唱歌时专挑那种难度颇高的歌曲，而且很注意自己的台风，从咬字、发音、脸部表情到肢体动作，都配合得完美无缺，每每一曲唱罢，台下立刻响起如雷的掌声，那么，此人一定是一个很追求完美又喜欢挑战的人。他喜欢强调自己的出众品位，工作时也喜欢凸显自己的能力，希望每完成一件工作，都能获得赞美声。

　　如果他是一个"义务帮别人点歌"的人，他会不厌其烦地频频问每个人："你要唱什么歌？"然后自动帮你输入电脑，忙得不亦乐乎。

　　他认为：娱乐嘛，何必那么认真！大家高兴，我奉陪就是。这种人甘愿奉献，虽真诚，却过于消极。

　　有的人从不跟别人抢麦克风，只在别人不唱的"空档"唱一首自己喜欢的歌，自得其乐一下。这样的人多半不善于表现自己，唱歌的时候默默旁听，工作的时候默默耕耘。他们总是想：算了，算了！让他们出风头去吧！我只做个配角就行。他们虽脚踏实地，只可惜太过

被动，万一碰到大家唱兴高昂，完全没有让他表现的
"空档"，那他就只好"坐"到底了。那样岂不是会失
去很多乐趣？

## 如何从牌风推知对方的心态

　　打麻将，俗称垒长城。四个人，一夜之间就可重建
"长城"无数次，领略一倒一建的"雄伟壮观"。

　　邻居、亲友在夏日的傍晚凑上一桌，是个不错的休
闲。牌桌虽小，但在一输一赢间，人的心理状态会暴露
无遗。

　　有的人打牌总是举棋不定，每打一张牌都要左思右
想，想到头发快白了才肯出牌。为什么如此"小心"？原
因很简单，就是"小气"，生怕输钱。这种人步步为营，
处处小心，胆子又小，实在很难称得上"大丈夫"。

　　有的人赢时喜形于色，或是高声唱歌，开怀大笑，
看得其他三家恨不得把他杀得片甲不留。相反，万一
他输了钱，常会迁怒于全场，看什么都不顺眼，一下嫌

小孩子太吵，一下嫌音乐声太大，一下嫌天气太冷、太热，一下嫌烟味熏死人……总之，不把每个人都骂得心烦气躁，绝不会闭嘴。

这样的人通常都只顾到自己的情绪，完全不管别人的感受，极端自私，百分之百以自我为中心。赢了是自己技艺高超，输了则是别人和环境不够配合。

他在谈恋爱时奉行"三不"政策——不拒绝、不负责、不付钱。对他来说，所有爱上他的人都是"前世欠他的"，所以这辈子必须做牛做马"报答"他。

有的牌友坚持"玩大"，不屑于赢小钱。这无非是好大喜功，满是虚荣心，看不上那种一点一点的进步。同样，做事的时候，他们也会坚持"要做就做大的"。可是，一屋不扫，又何以扫天下？没有基础而想一步登天，难。

至于喜欢和小牌的人，完全相反。他们多半比较"实事求是"，他们的人生哲学是"有赢就好"，赢多赢少没关系，最重要的是要安全和稳定。如此循规蹈矩，似乎少了一点乐趣。

在牌桌上，还有一种不动声色的人。你很难从他的脸上看出他的心情起伏，自然不会受到他情绪的影响；相应的，你也无法从他的脸上看出他的底牌。

玩牌时，他如果找个借口，准备"逃离现场"，那一定是因为他今天手气很背。

此外，当他发现"自己今天赢得差不多了"，更会想办法让自己的手机在"最适当"的时候突然响起。等他小声回过电话，他会用充满歉意的口吻宣布："实在很对不起！家里临时有事，必须先走一步。"他才不是真的家里有事呢，肯定是想见好就收。最稳当的人还是他！

## 如何判断谁是你值得信赖的朋友

友情的基础是互惠。商人之间，友情的基础是利益上的互惠；挚友之间，友情的基础是心灵上的互惠。

你因有事，需要一万元，于是到五个朋友家中请求支援。他们都说了一句话，各不相同。你从他们的话中，最终即可判断出谁才是你最值得信赖的朋友。

一个朋友说："我很想帮你，但还得和我太太商量一下……"这个人一定不会借钱给你。他不想直接拒绝，于是请出一个后台老板——我太太。他很懂得拒绝的策略，让你不失面子。他和你的关系一定很一般。

另一个朋友说："我不想因为金钱而破坏友谊，请不要见怪！"乍听之下，他好像很无情。但他直率又诚恳，一语中的。他一定觉得你不一定有能力还，弄不好，对大家都不好。所以他不借钱也不伤友情，说明他更看重和你的交情。这种人具有决断力，值得信赖。

第三个朋友说："利息每月两成，行吗？"从某个角度看贪得无厌。其实，他可能是故意提出"月息两成"的难题，拐弯抹角地拒绝。

第四个朋友说："我找人帮忙吧！"别信他！这话是托词，他显然缺乏诚意。

最后一个朋友可能直接说："老实说，我没法借给你！"这个人是真把你当朋友。朋友之间，金钱借贷一旦处理不慎，很容易造成对友情的伤害。你事后如期偿还借款，也会在双方的立场上产生优劣之分，难以在对等的关系上继续交往。所以，他这么做是顾全大局。

## 如何推知朋友能否借钱给你

真正的友情没有欺骗，没有敷衍，只有真诚和体谅。君子之交，平淡如水。

有一天，你临时缺钱，向朋友商借。由他的反应，你可推知他是否懂得体贴。

如果他马上翻钱夹，东找西找，问你要借多少，这种朋友可以说是个难得的患难之交。他很热心助人，不过似乎有点冲动。或许因他信得过你，或许他本性如此。像他这样热心有余，细心不足的人，很容易被骗。所以，奉劝你，如果你有这种朋友，跟他借钱之后，千万不要赖账。这种敦厚老实的好人不多了，不要骗他！而且，一旦他对你的信用失去信心，很容易影响你们之间的关系。反之，如果你能诚心对待他，你们的友情将历久弥坚。

他若双手在胸前交叉，问道："要多少？"那么你最好察言观色一番。因为他心底可能一百个不愿意。他的双手不自觉地交叉于胸前，即表明他的潜意识中有拒绝之意。或许他有钱，不好意思不借你，但对你能不能还又很不放心。你看到这样的肢体语言，最好找别人借，不然就多说几句好话，或多许他一些好处，成功的机会可能比较大。

若他迟疑了一下，手摸着鼻子，说他没带钱，这说明他不打算借钱给你。讲话时摸摸鼻子，或是嘴边，这都是人在说谎时下意识的动作。

如果他似乎很为难，手背在后面，慢吞吞地问你要多少，很明显，他是不肯对你坦诚相见。这种人最大的特点就是他从不说不经大脑转三圈的话。从他嘴巴说出的话，都经过他详加分析。他之所以会把双手藏在背后，就是怕他的手不自觉地露出潜意识的信息。问你要借多少？就表示他仔细评估之后，认为你还有放款效益。

## 如何了解同一楼里的人（1）

住在同一栋楼里的人，有的是你熟悉的，有的你根本不认识。想了解他们其实不难。一旦有所了解，对以后的交友或办事，有利而无害。

电梯这种现代化工具为我们节省了不少时间，提供了不少方便。

你正等候着电梯。这时，你会保持什么姿势呢?

日常生活中，随意表现的行为，会暴露真正的自己。不妨测试一下。

反复数次按压电梯钮的人是说到做到的行动派。而且，一旦沉迷于某事，就会浑然忘我，还可能因过度热衷而疏忽了周遭事物。

会往地上跺脚的人略带神经质，感觉敏锐，能凭直觉，一眼洞穿某某人能否合作。这种人具有艺术才华，若才得其用，必能大放异彩。

抬头看天花板或环视周围广告招牌的人知识丰富，心地善良。不过，与人相处时不愿暴露自己的缺点，往往架上一道防线。因此，有时会被误为冷淡寡情。

注视地面的人似乎显得有些消极。这样的人很难真实地表白自己的心事。但是，他们非常坦率，很容易相信人、爱人，在人际关系上的纠纷较少，可发挥润滑油的作用。

盯视着楼层显示灯的人非常小心谨慎，绝不会做冒险的事。即使有义理人情上的纠葛，也不插手不合道理的事。这样的人绝不会为一时的感情所惑，总是条理分明地采取行动，因而深获晚辈或部属的信赖。

但是，如果执意我行我素，会使旁人无法理解。

## 如何了解同一楼里的人（2）

你和同一楼里的一个陌生人一起搭电梯。他会和你搭讪，还是面无表情地站在那儿？从他的举动，你完全可以判断他的为人。

在封闭的空间，会和人搭讪的人，个人的心理空间要比一般人大，对人的恐惧度比较小。因为他的私人心理空间比一般人大，或许整个电梯都是他的个人领域，所以他会觉得很舒坦，很有安全感，像在自己家里一样。因此，他会把你当作客人，自居为主人，自信心很足。

如果他微笑地看着你，不说话，只等你开口，那么他的私人心理空间属于正常的范围，大概是身体周围五十公分左右的区域。他不会扩展自己的心理空间。因此，你如果超出他的私人领域，他就不会去招惹你。在他的个人领域内，他会觉得很有信心。一旦超出这个范围，他就会觉得力不能及，自信心减低。

如果他面无表情，只是盯着电梯楼层的显示灯，那么他的私人心理空间比较狭窄。不熟的人太接近他，超过他的安全距离，他就会感到不舒服。总之，他是一个自我防卫强烈而敏感的人，即使别人躲在角落，他也会觉得很不安，认为自己的安全受到威胁。所以他会摆出一副很严肃的姿态，拒人于千里之外。

若他双手抱胸，眼睛盯着地板，则表明他的私人心理空间极端狭小。即使在公众场所，他对自己也没有信心，而且表现出很大的不安和恐惧，甚至有点自我封闭。他会双手抱胸，流露出一副急于保护自己的下意识动作。他低头，暗示了他不想和外界沟通。这是典型的自闭心态。

## 如何了解你的同事

一个单位里的同事虽然彼此认识，但不一定相知，更难以了解各自真实的内心世界。下面有一个办法，可以测试一下你想了解的人，借以探出其底细。

一天，你走在走廊里，不小心和人撞个正着！你手里抱着办公设备，"砰"的一声落在地上。这时，他会怎么做？

如果他立即喝道："注意点！"那么，他是"存心"把责任推给别人。

把一切责任都推给他人的人非常不负责任。在旁人眼中，他必是个任性的人。

也许他会说："哎呀，有块石头绊住我了！"他不会把责任留给自己，但也不敢推给他人。这种人很难暴露真心，因而常受误解。不过，他的确缺了点人情味。

他可能马上说："对不起！"这种人认为什么事都错在自己，所有责任都应由自己承担。因过于善良，常会背上沉重的负担。

若他不卑不亢地说："对不起！"然后与你商量怎么办，表明他很自信，也是个诚实的人。他遇事三思而行，不会自以为是。


## 如何从对待错误检测对方的做人原则

一个人在对待自己的错误时，态度如何？这会反映出他的某种心理。

如果他当众道歉，说明他很在意别人对他的看法，希望他自己的人际关系很圆熟。

因此，一旦他犯了错，他会以诚恳的态度寻求大家的谅解。他并不想突出个人的意志，标榜个人的风格。他的人际关系建立于一个团体的包容中，他想融入这个团体，不想成为英雄或上司。因此，他不会争取个人形象，也不想掩饰自己的过错。

犯了错却死不承认，这样的人个人意识非常强，对自己的期许非常高，希望在众人的心目中建立良好的形象。为此，他会死不认错。因为一旦承认，就表示他已彻底失去个人完美的形象。这是他绝不能接受的。也许他是有上司欲的人，也许他是个很好面子的人，为了自己的面子，他不惜得罪众人，就是不肯承认自己的缺点。殊不知如此一来，他的形象反倒更糟了。

每个人心中都有一个自我防卫系统，无论什么时候都会用它保护自己，避免受到伤害。这个自我防卫系统的作用很多，其中之一就是合理化自己的行为，以减低自己的罪恶感。他可能说，因为身体不舒服，不小心做错了，或是被人害了……他的人际关系非常薄弱。为此他会设法减轻自己的过失，以强化自己的人际关系。

他可能会把过错全推给别人。他的自我防卫系统受了刺激，就会激烈反应。基本上，他是在保护自己。也许他所犯的错后果太可怕，他承受不起。不过，他明明做错了，竟把过错推给别人，这必会造成大家的反感，把所有人都得罪了。

## 如何从定义"对手"推知某人交友的心态

你认为对手的定义是什么？当然，在此，对手不是指阶级斗争或战场上的敌人，而是人际关系中的对手。

某人觉得对手就是和他有利益冲突的人，那么，他是一个现实主义者。平常没事的时候，大家都是好朋友；一旦有了利益冲突，马上就会翻脸不认人。他认为朋友之间是互相利用的关系，对手则大多本性恶劣，爱侵犯人。基本上，他疾恶如仇。他认为自己很讲正义、理法。相对地，和他个性相反的人就是他的对手。他这样的观念，可能会为他带来很多对手。

他觉得和他个性不合的人就是对手，这说明他很注重个人意志。在人际关系中，他必然以自己为中心，定出友情的标准。因此，他很容易被有心人掌握。个性不合是很主观的事，万一有人挑拨离间，他很容易上当。

这样人很容易把真正的敌人留在身边。

他是个喜欢和朋友交心的人。所谓交心，就是双方诚意沟通，借着沟通，做进一步的感情交流。他认定，没办法和他沟通的人不是太自大，就是根本没有沟通的习惯，甚或双方思想层次差太多，无法沟通。

## 如何从应付麻烦推知对方的理念

有人说：什么都可以没有，千万不可没钱。什么都可以有，千万不可有病。其实，生活中如果遇上麻烦，更令人头疼。如果有人找麻烦，你会如何反应？

向对方赔罪，息事宁人。这种人不是忍耐功夫好，就是没胆量。不过，说不定这是一种迂回战术——"留得青山在，不怕没柴烧"嘛。

据理必争，甚至不惜动武。这种人很自信，但也很冲动，有点盲目。碰到问题，绝不能靠暴力解决，以免扩大争端，使问题恶化。

拔腿就跑。这是潜意识中急于排除情境压力所反映出来的行为。

降低姿态，向对方解释，期用委曲求全的态度，达到息事宁人的目的。这种人很理性。但这是示弱的表现，表明他缺少自信。

## 如何从吸烟判断对方的生存心态

饭后一支烟，赛过活神仙。瞧他吞云吐雾的销魂样，以为自己就是玉皇大帝似的。其实，抽烟者的心情、性格，会决定其抽烟时的姿势与神态。

用烟斗抽烟的人比较稳重、沉着，有泰山崩于前而岿然不动的良好心理素质。他们总是慢条斯理地反复往烟斗里装烟。

抽雪茄者强悍豪放，而且爱炫耀，喜欢表现得与众不同。

有人向你敬名贵的香烟时，可能表示他很重视你，也可能是他很富有，平时都是抽这种烟。但还有一种情况：这人很虚荣，打肿脸充胖子，没钱也硬撑着。

抽烟时吐烟圈，说明此时抽烟者心里很得意，而且优越感十足。烟圈其实就是炫耀的表示。

眯着眼抽烟的人是不折不扣的瘾君子。这种人一般自制力较差。

烟灰很长也不弹的人一定是在思考问题，抽烟只不过是一种下意识的动作。弹了烟灰，猛然扔掉烟蒂并用脚狠狠碾一下的人，是经过思考后痛下决心：就这么着，管他呢！大口大口抽烟的人不是在过烟瘾，就是心情很激动——这种激动绝不是因为高兴，而是因为愤怒、不满、不平。他藉大口抽烟发泄情绪，并企图掩饰自己的感情。

明明有烟却不掏，等着别人掏烟的人，其小气劲儿，堪称一绝。

吸烟的女性，其自主意识较强。她是在向世人表明自己的特立独行，与众不同。


## 如何从就餐坐法推断朋友的亲密度

你和你的朋友一起吃饭。在长方形的桌子旁，椅子放到哪个位置都可以。从你们两人所坐的位置，可以判断你们之间的亲密程度。

如果你们各据一个角落相邻而坐，说明你们都喜欢很努力地聆听对方所言，也想努力让对方明白自己之所言。两人之间的关系相当密切，非普通朋友能比。

正面相对而坐，则表明你们期望彼此坦诚相见，但总有些对立的意味。

孩子们一起坐时，常会采取并排邻座的坐法。如果你们也喜欢这么坐，不是童心未泯，就是你们心情很好。和朋友相邻而坐的人比较倚重朋友。弄得不好，就会整天黏住朋友，不论是上厕所或吃饭都要在一块。这种人实在有必要脱掉孩子气，成为一个真正的大人。

在坐法当中，相距最远的是呈对角线位置而坐。懂得保持此种距离的人，大多非常成熟。乍看之下，此种人很冷淡，其实他们一定已建立了信赖关系。如果你选择了这种位置，就说明你是可信赖的，做任何事都不会勉强去做，能与人沟通。

## 如何从字迹推断对方的心态

"文如其人"、"字如其人"，这些推断有一定的道理。通常情况下，字写得较大的人，其行动欲较强；字写得小的人，自控能力较强；字写得飘逸且不拘一格的人，行事较洒脱……字是人之性格的体现。同一种字体，字迹会透露出人写字时的心态。

朋友久未联系，突然，你收到他的一封信。

信中提到高兴的事时，字迹显得比较欢快，字形似乎要飞起来。

朋友有困难、心情不好时，其字迹就很干瘪，缺少生机，就像霜打的茄子似的。

心情波澜不惊，他的字迹便一如既往，变化很小。

——这些都反映出他写信时的心态。

字迹飘洒，一气呵成，表明写信者心情激动，想用连贯的书写发泄情绪。

字迹歪歪斜斜，内容枯燥无味，说明写信者心情沮丧，情绪低落。

字迹较平常工整有序，说明写信者很审慎，似乎考虑得很多，生怕写错一个字。

字迹潦草，几乎不可辨认，说明写字者很愤怒、激动，以至于控制不住手中的笔。

## 如何判断对方使用名片的动机

可以说，名片是一个人的"第二张脸"，其身份与地位的证明。而且，名片已成为人们生活中不可或缺的一部分，从某种程度上说，是他人认识自己的一个视窗。

在交换名片时，可以透视一个人的心态。

在递出名片时，大声说自己是××，很显然，这是一种强调，希望引起对方的注意，让对方早点记住自己的名字。

对方接名片时使用双手，表示他对你印象颇佳，很敬重你。

以"名片用完了"或"暂时没有名片"为借口搪塞

的人要么行事比较随意，要么为人缺乏冷静。

有的人见人就递名片，说明这人有着十分强烈的表现欲，喜欢把自己摆在一个相当显眼的位置上。很大的程度上，他把自己的名片当成宣传单使用。

经常有意无意地在人前掏出一大堆名片，这是炫耀心理在作祟。这人掏名片的目的非常清楚，他是在夸耀和显摆自己，希望他人能够对他另眼相看。

## 如何判断孩子是否撒了谎

一天，你的孩子浑身脏兮兮、鼻子流着血，跟踉跄跄地回到家。你急忙问他怎么了。他摸着耳朵，低着头说，跟同学在泥里玩摔跤。你一眼就看出他在撒谎。

孩子的心理不像大人那么复杂，所以他们的谎言极易识破。

小孩子说话时以手或拳掩口，就可能表示他正在说谎，不然就是想隐瞒什么。

摸鼻子是一种由掩嘴巴转化而来、比较世故的掩饰动作。有的是轻轻地在鼻子下方擦几下，也有的是用几乎看不见的细微动作，很快地触摸了，表明他心里不自在、不安、紧张。

揉眼睛是用来阻挡眼前的欺诈、怀疑和谎言，或是向某人说谎时避免注视对方的脸。男孩常常会用力揉眼睛。假如他撒了个弥天大谎，他会把视线转向别处，通常是望着地面。女孩则多半在眼睑下方轻轻摸一下。

食指搔搔耳垂下边的颈部，也代表说话者正在说谎。有人对这种姿势做观察后发现，说谎的人搔颈的次数很少低于五次。当然，有时这种姿势也是怀疑或不能肯定的信号，表示那人正在想着：我不能确定我说的是不是真实情况。这说明，对于某件事，他也是道听途说，没有确实的证据，但不是故意撒谎。

摸耳朵也是小孩子撒谎时常做的动作。除了摸耳朵之外，也有的孩子会揉耳背、拉耳垂或把整只耳朵拗向前面掩住耳孔。之所以这样做，一是下意识地为了掩饰紧张，二是自己或许也怕听到自己的谎言。

总之，这些动作无非就是心口不一，怕人发现，掩饰紧张的表现。

## 如何判断学生是否在作弊

作弊是学校考试中非常普遍的现象。尽管它是一种不诚实的行为，却因为重视不够，让人误以为它没什么大不了。

你在一次考试中负责监考。听说这里考试作弊的坏风气很盛行，你决心非抓几个典型灭灭他们的"士气"不可。学生们的那些小动作怎会逃过你的火眼金睛？

考生用手搔头发、抠指甲或挖鼻孔，当心，他一定是在酝酿作弊行动。这表明他正竭力压抑内心想偷看答案的欲求，所以一面掩饰自己，一面在无意中表现出紧张时的小动作。当然，说不定他是在思考问题。

考生不停地抖动双腿，这表示他的试卷已做完，或是留下一片空白。一般而言，这种人不会作弊，对分数看得很开。

若有考生，一般为女孩，好像心无城府、"无辜"地盯着你，就算你和她对视，她也毫不回避，她的双手肯定在桌子底下动来动去翻纸条，不然就是正暗自和"左邻右舍"、"前兄后弟"联系"互相帮助"。女孩儿想隐藏内心的恐慌和秘密时反倒会"勇敢"地注视你。这是一种迷雾战术。

如果是男孩，他作弊时，眼神会下意识地回避，或者在你脸上绕来绕去，却始终不和你对视；万一对视了，也会马上闪开。此时他一定是想隐瞒什么，心里发虚。

考生的腿不断交叉，解开，说明他内心很不稳定，不是想作弊，就是有题目让他十分为难。如果他不断摇晃手中的笔，也表明他很紧张，不是因为快打铃了，题还没有做完，就是有作弊的倾向。

有的考生作弊前非常注意监考老师的动向，虽不正视，却总是用余光扫来扫去，假装无聊地东望西望，其实他的双手早已在桌下暗自活动。

如果考生从未抬起过头，得分两种情况：一是他满脑子都是考试，一直答题，沉浸其中，无暇抬头；二是他心虚不敢抬头，答案很可能就被他夹在试卷里或压在试卷底下，他一直紧张地找，紧张地抄，不敢让人看到他的脸色。

考生好像把什么东西掉到地上了，低下头，这儿看看、那儿看看。可别以为他真把什么弄掉了，他这不过是通过找东西的动作，掩饰内心的紧张。或许他刚刚作弊成功，也或许他正在寻觅可以帮助他的人。

## 如何判断学生是否在认真听讲

你可能是一个刚刚登上讲台的年轻教师，对于揣摩孩子的心理，你的经验太少了。你怎么判断面前规规矩矩的孩子是否正认真地听你讲课？

你的学生塌下双肩，摊开双脚，搔着头皮，做出许多无意识的动作。那么，他肯定被面前的问题吸引住了。是不是你的讲解让他不太明白呢？

你的学生正目不转睛地注视着你，身体僵硬而直立。除此之外，你看不出他有其他动作。这时，你若认为他对你的课兴趣强烈，那可就错了。孩子们经常施出瞒天过海的技巧，让你相信他正在洗耳恭听。其实，一个注意力集中的孩子绝不会身体僵直。他肯定是对你有所警惕，才如此紧张地盯着你。

你的学生坐在椅子边缘，身体前倾，而且头微微倾斜，用一只手撑着。你可以做出判断：这孩子对课堂内容非常有兴趣。用手支在脸颊上，有时稍微眨眨眼睛，一定也是正沉浸于某种思考之中。一般孩子如果坐在阶梯上，采取这种姿态，看着楼下的大人，一定觉得如同看卡通片般好玩。

孩子昂着头，鼻孔朝天地看着你。这反映出他心中对你存在某种不满情绪；也可能因为他非常骄傲，拒绝与你交朋友，或拒绝执行你对他提出的要求。

孩子闷闷不乐地咬着手指。这说明他受了委屈或觉得无聊。你应该给予更多重视并大加鼓励，以恢复他的自信心。

### 砍价时如何掌握老板的心态

砍价也是一门学问，老板和顾客斗智斗勇的精彩表演，真是让人叹为观止。既然是一场语言较量，必然在语言背后藏有一些微妙的心理动机。

闲暇之日上街购物，琳琅满目的商品令你眼花缭乱。就在这万花丛中，你看中了一件蕾丝长裙。可太贵了！但你实在喜欢。所以，你准备使出浑身解数，和老板周旋！

如果顾客一听价就说"太贵了"，这显然是在向老板暗示：能不能便宜点儿？老板一般不会轻易降价。他会说："不贵啦！这衣服质量多好啊！"这句话的重要性不在于内容而在于它的存在可以让杀价的进度慢一拍，让双方在心理上都有个缓冲。

接下来，双方就开始了真正的心理较量。老板可能说："您杀价杀得太狠了！"这实际上是想让你觉得自己砍价功夫一流，占了个大便宜，到此为止可以了。老板却可能在心里暗骂你是个笨蛋，二十块钱的东西偏偏要花二百元买？

　　老板说："不要就算了！这个价哪卖得出……"你大可不必理睬，往前走就是了，他不卖，总有别人卖。更重要的是，只要老板的眉毛没有耷拉下来，就说明他没有真的泄气，不出十步，他又会在后面叫你："那位先生，再加点儿吧！"当然，他并不是真的叫你加钱，而是已经打算按你说的价卖给你。

　　你说了一个价，老板立即皱起眉毛，那一定是一种伪装，让你觉得自己出的价实在委屈了他。一般情况下，顾客出的价只会影响他的欣喜程度，而不至于让他"跳楼"、"卖血"、"寻死觅活"。他若做出吃了大亏的表情，很可能恰恰捡了个大便宜。

　　你出了价，他犹豫片刻便成交，说明他已有足够的赚头，而你成了冤大头。

　　成交之后，老板说："哎呀！从来没卖过这么低价！"这也许有点真实成分在里面，但更可能是他想让你充满成就感，交个人情，下次还到他这儿买。

　　老板可能还会向你苦苦地倒酸水，说他从早忙到晚，饭也吃不上，货得从大老远运过来，也得和别人砍价，把货包装好，打好包，来来回回运费不少还特别辛苦等等。你尽管静静地听。他不过是想让你多加点钱，其实他心里早已和你成交。否则喋喋不休，和你说一堆，岂不浪费精力和时间？听过之后，你该给多少就给多少，保证成。

## 如何从对方的小动作推断他的心态

下意识的小动作，最能够反映人的真实心理。在交际中，你若能领会这些小动作，必能成为一个洞悉他人心理的专家。

如果你看到哪个人有咬手指的习惯，就可以判断他可能极好幻想，常做白日梦。

你可以从一个女人的走路姿态，判断出她是否爱慕虚荣。如果她每走一步，屁股便前后摆动，或当她舒舒服服地往沙发上一坐，总把脚跟重重地踏一下，那答案就是肯定的，因为这种动作的目的就是要吸引异性的注意。为什么电影、电视中那些妖娆的女人无一例外，都爱扭屁股呢？那是因为她们都同样有一颗想征服男人的心。

握拳时拇指压在其他四指下面的人，其心理很脆弱。他的依赖性很重，很需要别人的保护。这种拳头又被称作"婴儿拳"，因为每个初生的婴儿都这样握拳。据研究，当病人濒于死亡，或意识昏迷，在生命线上挣扎时，他的手便会恢复婴儿时的状态。

用手指卷头发这种动作大部分发生在女人身上。当她们感到无所适从或遇到困难时，便会做出这样的动作。这表现出她们内心的无助与失望。

耍弄拇指，是积极情绪的表现。人沉浸在愉快的回忆中，常会慢慢地旋转拇指；计划将来的时候，则会迅速地旋转拇指，表现出兴奋和活力。

和朋友交往，注意他的手部动作。如果他说"是"时，手部做平面运动，你就可以断定他的本意是在说"否"。他的手做垂直方向的运动，你就可以断定他是心口如一的人，值得你深交。

你的女友会不会经常揉眼角？当一个女人不断地抚

摩颈部、下额或揉展眼边的皱纹时，其实她是在害怕自己的年龄正一点一点地增大。

一个法官若相信被告有罪，他会静坐而神色凝重。若他相信被告无辜，他就会摘下眼镜，捏捏鼻梁，有时候还会闭上眼睛几分钟。这种姿势表示他的内心正在斗争着、矛盾着，考虑应该如何判定被告的罪状。

## 如何判断公车乘客的动机

身为上班族，可能每天都要挤公车。你可以观察一下周围的人，他们不同的小动作，会泄漏出他们各种不同的心理，看起来很有趣。

若你恰好站在一位长发披肩的漂亮美眉身后，她不停地撩著头发，这表明她是在抗议你靠她太近了，常常碰触她（即使你没有碰她）。

一位女士刚坐到座位上就跷起二郎腿，眼睛直瞟着窗外。这表她对自己的容貌或身材有足够的自信，认为自己一上车就会吸引不少视线。与其让这些目光看得不自在，倒不如看看窗外，让那些人尽情欣赏。

　　某人一上车就视线朝下，左瞅右瞅，眼神飘来飘去，而且哪儿人多就往哪儿挤，还做出一副自己也快被挤成相片的样子，那么他一定是小偷。注意防范。

　　一个老头儿或老太太上车了，明明车门那儿人少空大却不站，非要往人多的地方挤。他一定是希望哪个年轻人给他让座。

　　某人上了车，有座位也不坐，那他不是路程不远，让人为先，就是自恋狂，喜欢一个人站在车厢中，供大家"瞻仰"。他可能自认为相貌气质出众，或者具有与众不同的个性，不愿与凡夫俗子挤坐在一起，所以故意"鹤立鸡群"，充分显示他的优越。

　　某人喜欢站在车门附近，他是怕一会儿下车时不方便，不然就是下站就下；或者他正等着人多时"揩油"、"顺手牵羊"，跑时方便。

　　某人一上车，见前面座位满了，他就立刻补坐下一个座位，很懂得按顺序排列，说明他有按部就班的心理。选择靠窗座位的人是希望周围领域不受侵犯；偏偏喜欢坐四个连排并列的座位，表示此人对自己的安全领域并不在乎；上了车不假思索，哪儿近就坐哪儿的人防范意识较弱，性情不拘小节。

一对男女上了车，男的让女的站在自己前方，自己用身体或胳膊护住她。显然，他们是情侣。如果他们并列站立，身距一拳以上，或者人多拥挤时很快被隔开，他们就不是情侣。

坐下时双手抱胸，说明这人路程较远，暂时不会离座。身体微微前倾，双手分放臀部两侧，则说明此人不准备久坐。

## 如何识别对方假象背后的目的

看起来好的行为，有时候深究起来，其实只是一种表面现象，它往往反映出某种不够健康的心态。比如某人经常答应帮忙，今天说我会送你一件大衣，明天说你生日时，我一定买蛋糕送去等等，看似热情，助人为乐，不把别人当外人。可是，待你被他的热情打动了，你等啊等，等到花儿都谢了，他也没现个人影。最后他只抱歉地说，他忘了。他这样到处承诺，是想让人家以为他人缘好、有本事、会办事。可他太不自量力，事情往往被他办砸；就算没办砸，至少也累个半死！

有些人会摆出毅然决然的表情，狠狠地说："事在人为！"或是天天叫嚷着："这事其实很简单！"让人觉得他聪明过人，进而崇拜不已。可最终你看见他办成什么事了吗？没有！他其实只是因为虚荣，忍不住炫耀自己。

你的上司可能雷厉风行，处理事情来总爱大声吆喝，看起来似乎总能明察秋毫。其实，他内里很虚弱，他明明没有多少能力，却怕在属下面前露馅，于是色厉内荏，企图用外在的上司架子掩盖内心的虚弱。真正的上司是不以声音吓唬人的。

有的人可能心存善意，见你生活困难，施舍你一点旧衣物，见有人买不起火车票，就掏钱帮他买，平时谁有点小病小灾，都要嘘寒问暖，给点小恩小惠。这样的人其实是不够自信的，而且地位卑微。他是通过同情弱者，在他们面前表现得很强大，以宽慰自己受到压抑的心灵。

在家里吃饭，某些长辈为了表示关心，总爱把菜夹到我们碗里。和朋友吃饭，某些人为了表示客气，也可能把菜给我们夹上。这种行为看似热心，其实根本忽略了对方的心理感受，完全是把自己凌驾于别人的自尊之上，是释放自身优越感的举动。

有的人很听话，上司布置的任务，他一丝不苟地去完成；每走一步，都详细地向上司汇报。别人一挑他的毛病，他马上拼了命去改正；平时加班，一句怨言也没有。乍看之下，这种人兢兢业业，仿佛天生为事业而生。但仔细一想，他根本是因为害怕别人的评价，完全是为别人而活，为了取悦别人而不惜牺牲自己的个性和快乐。

有些人很洒脱，"让别人说去吧！"是他的口头禅。他不在乎别人的看法，甚至有时就爱独来独往。结果人人都觉得他神秘、有个性。但实际上，"让别人说去吧！"这话是讲给自己听的，表明他想借此掩饰内心深处的愤怒、憎恶、反感等情绪。他总是如此抑制自己的情绪，客观上便阻碍了与别人的交流，造成了隔阂。

第三章

掌握职场交际中的身体密码

有一位资深经理人在进行面试时，常常短短几分钟内就看出应征者的能力。在这么短的时间内，他评估的标准是什么？他表示，一开始，他会观察应征者鞋子的款式、整洁程度及价格。除了服装之外，握手、目光的接触、身体的姿势、声音、自信、魅力等都是仪态的一部分。从某些角度而言，仪态代表一个人的能力，会传达出他是否"胜任"的工作态度，并表现出一定程度的能量和主动性。在职场交际中，我们也要善于透过这些暴露于外的现象，看到他人的内心世界。

## 如何判断打电话者的心理活动

电话在生活中占有举足轻重的地位。很难想象，若没有电话，这个世界会是什么样子。人越来越依赖电话，于是，电话也成了解读、分析人之心理的一项新工具。

身为老板，你一定要注意职员打电话时的状态。不同的人在不同的情况下，面对不同的对象，打电话时的姿势、神情也不一样，他们的反应可谓多种多样、多姿多彩。

有人稳稳地握住听筒，谈话时的姿势会自然地向前倾，带着笑容或显出悲伤的表情。这些肢体动作会令人以为通话的对方似乎就在眼前，他与对方很亲密。

打电话时，深深地鞠躬或不停地点头，在旁人眼中，显得相当滑稽。然而，这是以真心和对方交谈时深层心理的表露。

在公共场合，也能态度从容地打电话，那么交谈的对象多半是同性朋友或家人等并不需要顾虑礼仪的人。

男性打电话时，或拨弄领口，或用手梳理头发，而且非常在意自己的姿势，那么他一定正和心仪的异性交谈。若是女性，仿佛面对镜子化妆一样，脸孔的表情变得认真，那么话筒另一方一定是她喜欢的男子。

做出这些行为，是希望以优秀的表现博得对方的欢心，在表情和动作上无意间流露了。当然，如果男女双方的关系很亲密，这种紧张感即会迅速消失。

通话中胡乱涂写或在手上玩弄铅笔、电话线，多半是因为对谈话的内容不感兴趣，或脑中思考着其他事。

身边有椅子，却站着谈话，一定是有紧急的事或不愿多谈，渴望早点挂断电话。如果对对方心存好感或渴望深入交谈，多半会坐下来谈话。另外，对谈话内容毫不关心时，拿听筒的手也会变得松弛无力。

中途突然不再摇晃椅子或端正原本散漫的姿势，乃是交谈中出现了很重要的话题。

原本站立的人突然坐到椅子上，是对所谈的话题开始产生兴趣。反之，原本坐着，突然站起来，是迫切地想知道对方谈话的结论，或想向对方明确地传达自己的意见。

将手搭在桌子的抽屉里或胡乱摸索桌上的东西，是不知如何回应时常见的动作。

## 如何判断对方听你讲话时的心态

上司开会，需要下属的倾听；朋友失意，需要知己的倾听。在交际中，倾听是一门学问。会倾听的人一定是个会交际的人。

身为上司，每周的例会都由你主持。你头疼的是，你的部下从不规规矩矩地听你讲话，总有一些小动作。那么，你怎样才能透过这些小动作，识破他们的心思？

如果下属耸肩或耸肩加摇头，前者表示他对你的话不敢苟同，连续做后面的动作，表示他甚至有些鄙视你。

下属坐着，上身向后或向左右微倾，表示他心理上很放松，对你的话很感兴趣。若倾斜较大，则说明他对你的讲话感到厌烦。

他坐着时身体板直，面部肌肉僵硬，或者上身紧靠椅背而坐，表示他正处于紧张状态，而且小心翼翼，生怕被你看出他对你有什么不敬。

部属抽烟时突然按熄它，或者把它搁在烟灰缸上，甚至不注意地放到烟灰缸外，说明他的心情已突然发生了变化。

若他用手在桌上叩击出单调的节奏，或是用笔杆敲打桌面，同时脚跟在地板上打拍子，或抖动脚，或用脚尖轻拍，不断地嗒嗒作响，这是在告诉你，他已经对你所讲的话感到厌烦了。

有的人听着听着，会慢慢地手扶着头，视线朝下。

这也是不耐烦的表现。

更有甚者，他顺手拿过一张纸，在纸上乱涂乱画。这也是对你的讲话缺乏兴趣的表现。这种情况经常在枯燥的课堂上发生。

有的人也许会凝视着你，但你可千万别上当。他不一定是在认真地听你讲话。仔细观察，你会发现他目光空洞，对你视而不见，眼神木然无神，眼皮几乎眨都不眨，似乎在睁着眼睛睡觉。这表明他已经恍恍惚惚，心不在焉了。

## 如何从语言看下属能否完成任务

公司有一项颇有难度的任务需要完成。公司上层在与几个人谈话后，最终确定了合适的人选。公司怎样确定最后的人选呢？

一听说有了任务，A、B、C、D四人有不同的反应。

A说：要完成这个任务很困难，几乎不可能！公司能不能考虑一下我的实际情形？很显然，这是示弱，缺乏自信的表现。先表明自己的弱点，希望高层能手下留情。你这种未上阵就打退堂鼓的员工，肯定完不成这项任务。

B说：这么困难的任务，可不可以让我考虑一下？这也是在逃避。他认定自己能力有限，无法完成任务，只好拖延。由此可见，他也不太可能完成任务。

C说：这任务太困难了，真不知它是怎么制订出来的！显而易见，C和A一样，被困难吓住了！

D说：我会努力完成，但任务困难，我想……才行！毫无疑问，D是最佳人选，因为他在困难面前不仅不退缩，对困难也有客观的认识，并加上了条件。这说明他有能力、有信心去完成这项任务。

## 如何判断某人说"我不行"时的真实目的

身为公司老板，你想把一个部门经理的位子交给一个能干的部属去做。可是你一找他谈，他居然说："我不行！"他为什么这么说？

说"我不行"，暴露了他的几种心态：如果他的的确确是个老实人，那么这表明他很明智，觉得自己的工作能力还没有达到做部门经理的标准，希望踏踏实实地继续做职员。当然，谦虚并不表明他不想升职，只是表示一下这种态度。

这也可能是一种缺乏自信的心理表现。谦虚与自卑的界限，有时很难划分。总说"我不行"，必然是对自己的能力很感怀疑，是一种自我贬损，一种自嘲。

某些人说"我不行"，可能是变相地表达不满。这样的人接下来肯定会从周围环境到各项规章制度，都言语刻薄地大肆批评一番，满腹牢骚，仿佛自己是个生不逢时的大才子，一旦客观条件改变，他就会变得"不同"。这类人是典型的眼高手低，不实际。

"我不行"，也可能是真正有才华的人拒绝任务，准备跳槽的先兆。他这是以退为进的策略。

## 如何判断员工是否想跳槽

有的人说谎"明目张胆"，有的人则遮遮掩掩。掩饰得好，的确可以让心思密不透风。但掩饰的态度绝非无懈可击。透过一些蛛丝马迹，洞察人心并非难如登天。

你公司的运营状况最近陷入了低谷，整个公司人心涣散，似乎摇摇欲坠。此时你担心几个重要的部门经理会逃离。于是你分别找他们谈话，探探口风。

如果他说："放心，老板，我觉得咱们公司没问题！"很显然，不是他真的乐观，就是他已经有了新的出路，对公司的存亡根本不在乎，不觉得自己有什么责任，因此口气很轻松。一旦你的公司倒闭，最先拍屁股走人的肯定是他。

若是他说："老板，不如我们先像××公司那样……"这人也很危险。他不一定已经决定跳槽，但肯定已经有其他公司和他接触。即使他并未说出"××公司"这样露骨的话，而说"据我所知，在这种情况下应该……"也千万别以为他在向你诚恳地出谋划策，其实他的潜台词是："建议我已经提过，剩下的事我就无能为力了……"他的跳槽几乎是肯定的。

如果他坦率地说："老板，咱们的……都不行！"那么，就算他平时并不是那种直言快语的人，这就代表着他对公司已彻底失望，就算他暂不跳槽，也不会认真工作。

除此之外，已有跳槽愿望的员工还有可能透过一些隐约的举止泄漏内心的秘密。例如他最近请假次数多了，总是推掉一些老板交付的工作任务，打电话时有意回避同事，开会时减少发言，对老板的话也总是点头称是……等等。

如果他说："老板，您看我们是不是先这样……"然后一句一个"我们"，这样的员工就非常有责任感。他首先把自己定位在集体之中，透露出一种"匹夫有责"的心理状态。他可能也会抱怨，但绝不致因一时的不满而跳槽，而会积极地寻求解决的办法。

## 如何判断老板是否想留任你

如今公司遍地开花，产生老板无数。对员工来说，老板掌握了他们的"生杀大权"。老板的一句话，有时听似寻常，其实又往往另有玄机。

假若你在公司刚刚过了两个月的试用期，那么，老板到底喜不喜欢你呢？这直接关系到你能否继续留在公司以及待遇的问题。于是，你只好托关系还不错的同事旁敲侧击地去问问。然而，言语吝啬的老板只说了一句话。

如果老板说："不错，不错！"这得分两种情况。若是他笑嘻嘻地连连点头，那就表示他心里的确很赏识你，"不错，不错"是他的真心话，把你留在公司已成定局。若是他几乎头也不抬，若有所思地说，那一定是在敷衍。他对你的印象可能不太好，不想当面直说但心里有数；也可能对你印象真的不错，但不愿提前说出来。

老板可能说："太好了！"那么，你千万不要得意，他的意思不是说你真的很出色，而是一种敷衍。也许是你的工作原则性不强，对客户百依百顺；也许是你对老板太俯首帖耳，毕恭毕敬；也许你太善于周旋，很快就成了办公室里的风云人物。总之，如果你的工作真正干得好，老板绝对不会做如此评价的。

他还可能说："我挺喜欢这个年轻人！"那么，毫不意外，不久你将成为他的得力助手。因为这句话几乎不加掩饰地透露了他对你的喜爱和赞赏，表明他认为你大有前途，有意培养你成为他公司里最出色的员工之一。

或许他会说："还行！"不要以为他对你的评价不过是刚及格，其实这句话暴露了他对你继续留在公司的肯定，而且这种评价并不低，显示出他对你的潜力和创造美好前途的希望。总之，他相当喜欢你。

他若说："看看吧！"这种看似"有戏"的话其实潜台词是"没戏"。他不可能把你的简历和业绩表拿回来再看看。关于你的表现，他已经在心里打好了分数，对你的留和不留也早已做了决定。除非你在试用期的最后一个月改变他对你的印象，否则，准备卷铺盖走人吧！

## 如何从谈话内容推知老板的意向

在事情发生变化前，往往会显露出一些征兆。聪明的人就善于把握这一点，从而早做准备，以免措手不及。

你的老板正准备把业务扩展到外地，预定在别处开一家分公司，分公司的经理职位当然是一个美差。你上下衡量了一下，公司里最有实力竞争这个职位的就是你和另一位主管了。老板已经找他谈过话。那么，轮到你时，老板会是什么态度？

如果他大肆赞扬了一下你的工作业绩，从你从不迟到、不早退到业务技能熟练出色都点到了，脸上又笑容可掬，可你仍然没弄明白他谈话的要点是什么，那你一定与这个美差无缘。正因为你不是他心目中的理想人选，他才搜肠刮肚，想出你那些不迟到、不早退的小细节表示赞扬。事实上，无论哪个普通职员，都该具备这样的"优点"，何况是你？老板的这种举动，目的在于做你"落选"后的思想工作，怕你事后心里不痛快，于是提前送你一个甜枣吃，以安抚你的不满情绪。

老板可能先一本正经地跟你聊聊工作，然后忽然问你，你觉得另一位主管的工作能力如何。这说明他正举棋不定。在和那位主管谈的时候，他肯定也以相同的问题问到了你，而他每次问话，都似乎偏向于与他谈话的人。注意，这可能是个烟幕弹。

老板也许热情地招呼你坐下，然后把你的工作评价一番，而且提出一些中肯的意见，最后很郑重地请你谈谈对整个公司的前景展望和对个人前途的规划。他很专注地听你讲，频频点头。那么，这个职位非你莫属了！因为尽管他对扩展业务、开公司的事一字未提，但他的举动已充分表明他心里认定你是经理的理想人选。他总结工作，提意见，让你谈未来，这分明是对你寄予希望，充满爱惜和尊重的表现。

若你的老板和那位主管谈过之后，一直没找你谈，见到你也和往日并无二致，那么他肯定已经拍板决定用谁了。这个人多半不会是你，除非他想给你一个惊喜。

## 如何揣测上司的弦外之音

在公司与同事、特别是和上司相处，一定要处处留意、步步为营。能揣摩出上司每句话的含义与意图，才可能少做错事。那么，怎样猜透上司说话的弦外之音呢？

不要把上司的话当成无目的，随便说说。很多时候，他为了了解真实情况或职员的真实态度，会故意说一些话，对职员进行试探。当然，他也有马虎行事，逃避责任的时候。比如他可能含含糊糊地答应你某件事，事后却又后悔。这就需要你善于"察言观色"，明辨其意，见机行事。

如果上司问道："你将来有什么打算？"那么，他真正的意思是什么？

你若是新进的职员或工作刚满一两年，资历较浅，可以回答："我想就目前的工作先干一段时间，再决定将来的方向也不迟！"因为你的上司很怕你没长性，只是把本单位当作获得资历与经验的跳板，一有所得即刻走人。你这样说，会让他放点心。

你或许已有四、五年的工龄，那就应该仔细考虑上司说这话的目的。首先，这可能是他不满的表现。他觉得你工作这么多年，却始终没有什么突破，成绩平平，想知道你将来到底有什么打算，也好对你的志气有个了解。

其次，他大概想促使你努力一点。他认为你这些年工作表现不错，颇能开拓些新的业务，希望你能更上一层楼；问你有何打算，就是在鼓励你对自己有个更高的要求。

当然，这句话也可能是人事变动的前兆。根据你平常的表现，上司已经在心里有了打算，决定进行一些调动。

一般而言，面对上司的这种询问，你可以不卑不亢地表达力求上进的决心，以窥破他的真正意图，再做出正确的选择，恰当地应付随之到来的情况。

## 如何揣摩上司说话的用意

某天，上司找你单独谈话。谈着谈着，他忽然露出诚恳又凝重的神色："这件事我只对你一个人说……"那么，他是真的对你如此推心置腹，还是另有所图？

通常，这种上司内心都不大自信，怕下属对谈话不感兴趣，因而故弄玄虚，弄得神神秘秘，以增加对下属的吸引力。对于这种谈话，大可不必太当真。

上司可能对某个部下的工作态度或工作成绩感到不满，却又无法直接对他讲，只好抓住另一个当"替罪羊"，发发牢骚。这种上司办事不干脆，优柔寡断。所以，听他说话，不必太在意，听听就算了，不要故意去迎合他。否则，可能更激起他对那个职员的不满，你就成了落井下石、两面不讨好的角色。

上司的用意也可能是怕你把事情传开。事实上，在他人背后议论是非，本来就很容易传开。他知道会有这种结果，却佯装信任你而说出这番话，一旦传出去了，他就会责备你："话是不是你传出去的？我早就告诉你不要传开……"很可能"只对你一个人说"这句话他不知已对几个人说过了，传开来是他自己造成的，却反过来责怪你。这种上司损人利己，不可靠。

还有些上司纯粹属于"刺探型"，说这句话的目的是要套出职员的真心话，然后据此决定职员的前途和命运。这可就关系重大了。最好的办法是故意装傻，哼哼哈哈，不予具体的回答。这样，上司即使心怀叵测，对你也无可奈何。不是我们不诚实，而是有些时候，我们必须学会保护自己。

如果上司改变问法，用另一种口气试探："这个问题，我想，问你最合适……"其实，这和"只对你一个人说"的含义基本相同。但这种情况，他并非居心不良，大概是因为他对某个职员不满，但又查不出他犯错的证据，不便直接质问，而去试探其他职员，希望能找到答案。

## 如何寻找与老板交谈的最佳时机

在许多上司和下属的关系中，特别是这种关系已经维持了很久，只要你有心，就可以透过其脸部的表情、身体的姿势，推测他传达信息的情况。这种职业的洞察力和警觉性，对你的事业发展是非常有价值的。

你最近在工作上出现一点麻烦，所以想和顶头上司仔细谈一谈。工作中的麻烦完全是因为你在情绪不安定时所造成。于是，你想察言观色之后，再决定下一步行动。

你进入老板的办公室，看到他用笔轻轻敲着桌子，若有所思，心事重重。这时，你应该赶紧退出。因为很明显，他心情不佳。你去打扰他，只会增加他的苦恼，反倒不利于解决你自己的问题。

　　上司的心情相当愉快，五官舒展。这时，你也不能放松你的警觉，因为他喜不喜欢听你谈事情也很关键。他若不想与下属谈话，脸上会出现疑虑，或者避开眼光。如果你未能体会，或者全不理会他的表示，他可能移动身体，看看手表，大大地叹口气。你若还不开窍，他可能站起来，收拾报纸，然后干脆问你是否尚有工作要做。手腕高明点的，会告诉你，他还有些别的事待办，或是要去赴一个约会。当然，警觉性高的下属是不会让上司扯这么远的。

　　有些上司不愿听与工作无关的话题。这时，他可能把脚放在办公桌上，根本不搭腔。这是一种权威的表现。

　　或许，在你进去时，上司正坐在一张太师椅上听电话，身体斜倚着椅背，双脚搁在桌面上。对你，他只用眼角的余光瞄了一下，然后挥挥手，示意你坐下。挂了电话之后，他放下双腿，人还是很慵懒地靠在椅背上，用手掌托住下巴，食指与中指摆在脸庞上，无名指与小指就放在嘴巴下面，面无表情地说："你有什么事，现在可以讲了。"这表示他并不在意你的事。但听你讲着讲着,他的身体慢慢往前倾,双手搁到桌面上,目光集中在你身上,且面带笑意。显然,他已开始欢迎你的谈话。

## 如何判断老板沉默的含义

公司在管理上一直有个棘手问题。某日,你灵感突发,一个超完美的主意在脑子里迸发。如果按此行事,你很有把握,可以让局面改观不少。你就像献宝一样,兴奋而虔诚地带着这个点子闯入老板的办公室,向他和盘托出。等你语音落定,他却毫无表情地低着头。等待你的不是叫好,也不是反对,而是令人窒息的沉默。这情形让你手足无措,忐忑不安:难道我闯祸了,说了什么不该说的话?

老板为什么沉默?冷静一下,少安毋躁,也许情况没有你想象的那么糟。很可能,在那寂静的沉默时段,老板正全神贯注地思考你的提议。

通常,一听到有人提出关于公司的重要建议,老板不会立即反应。他会花一点儿时间消化，此时沉默，正意味着他在认真思考，评估你所提建议的可行性。

你可能怀疑老板的沉默并不单纯，其中有诈。这样的想法也可能是对的。老板们常常有这样的观念：对话之间，一阵恰如其分的沉默，是一种向下属展现权力的方式。在他那个职位上，他有不少难言之隐，而你的方案恰恰触动了他的痛处，他无从向你解释，只能以沉默的方式击退你。

或许这是他对你的考验。那你大可借机向他展现你的不凡勇气——就算是处在混沌不明的状况下，你也不会乱了阵脚。

如果他的沉默超过关键性的十秒，那么，有九成几率，他正在等待你提供更多的信息，以利他做出决策。这时，你不妨再多做说明。然后反守为攻，问道："还有其他需要我补充或解释之处吗？"以打破这要命的沉默。

最糟的是，沉默超过了十秒，老板仍不置可否。那么，这个提议十有八九泡汤了。

## 如何审视老板的否定

老板让你做一份年度计划，你就按照以往的套路写了一份给他。由于以前出现过类似情况，最终你的计划都得到了认可和贯彻，所以你想在这一次表现得更积极，先一步调动起各方面的资源，只等老板在计划书上一签字就马上执行。可是，不久，老板把你叫到办公室，说："这份计划不是我想要的，请你重新拟一份！"你问他今年的计划与往年有什么不同？他只回答："你自己好好想想！"此刻，你可犯难了：他到底想要什么？你的老板可能根本不知道自己要什么，却很明白自己不想要什么。所以，否定你的计划太容易了。但路在何方，他也迷茫。

很可能，老板只是要你多提些可行性方案，让他有所依据，再逐渐勾画出他想要的内容。他其实是想借机试探，看你有多大能耐。

对这样的"挑战"，你也只能认了。你可以一次给他几个想法挑，这样就不至于一枪毙命。通常情况下，不妨根据老板所给的模糊的主题，找出几个可行的切入角度，再和他讨论。

如果你那难缠的老板对你的提议完全看不上眼，那么，你只能旁敲侧击，比如："你希望今年增加培训的预算吗？""你希望这次开幕式有明星剪彩吗？""你想再设置一个助理职位吗？"借由他的回答，搭建计划书的整体轮廓。最后把归纳出的结论呈给他。你必须确保自己的方向是对的，免得他一夕数变，第二天马上翻案。

## 如何判断上司对你是否已经反感

上级和下属相处，他们的某些动作或语言会暴露出他们微妙的心理。

要了解一个人的心理状态，对于他言行举止的每个细节，都要细心分析。

当上司劝说下属打起精神努力工作时，下属只是口头上响亮地回答"是，是"，实际上却没什么改进，也不打算改进，这一般都表示他心中对上司有些反感。

一般上级对下属的谈话总是居高临下，紧盯着下属的眼睛和每一个动作，下属则大多态度恭敬，俯首帖耳地倾听，并不时伴以理解或应酬性的微笑，这就是心理优越和心理劣势的表现。社会地位低者对社会地位高者进行说明时，后者只是随意附和，语调毫不客气，这就显示出他的鄙视。

上级对下属有所反感，大部分情况下不会压抑在心底，而是直接表现出来。例如，谈话当中突然离席，故意让你久候；谈到主题时，故意岔开话题；假装正在思考问题，将视线移到别处；更有甚者，根本不听你的谈话，一个人看起报来。

## 如何判断老板是否拒绝你

上司与下属的关系并不特别和谐，原因何在？原来，有的下属太迟钝，领会不了上级的意图。

公司开会时，主持会议的主管突然移动身体，把脚对着门口坐着，这表明他要结束会议。这时，下属就要

"识相"点，减少发言，甚至不发言，或者使自己的发言尽可能简洁明了，绝不拖泥带水。

向上司提出建议时，上司皱了一下眉毛，避开你的眼光，这就说明他不同意你的建议。这时，如果你还不理会他的动作，他或许会看看手表，叹口气等等，甚至直截了当地说他还有事待办。显然，他已经对你"怀恨在心"了！

## 你坐的位置如何影响客户的心态

做生意，必须和客户打交道，客户就是你的上帝。揣摩他们的心理，对于你是否做成生意至关重要。和他们谈话，你必须坐在让他们感到舒服的位置。

你是某电脑厂商的能干推销员，为了开发新客户，到某公司拜访。你被招待到会客室，你的客户先坐下来。这时，你会选择哪个位置？

如果你惯用右手，考虑到拿目录或价格表做说明的情况，可能会坐在客户左前方。

但是，你若选择这种位置，对方可能因为你的存在，觉得自己的弱点受到胁迫，生理上、心理上产生一种不快的感觉。

其原因在于"心脏"。对方觉得来自接近心脏方向的压迫感，从而本能地产生防卫心理。另外，就对方的立场而言，自己的左侧遭到威胁，很难用手进行反击。

你若坐在客户右前方，自己身体的左侧敞开，朝向对方，似乎使自己处于不利的地位。但这个位置可让对方在生理上感到安心，从而顺利地展开推销工作。

如果你和客户面对面，也许你会以为，这样有利于彼此坦诚相见，显得富有诚意。然而，大多数客户都不愿把自己与对手放在同一水平上。否则一览无余，会让他们很不舒服。这样的推销工作像是针锋相对的谈判，会让他感到紧张。


## 如何揭穿生意伙伴的谎言

外表和服饰经过精心修饰，可以为自己的真意蒙上面纱。反之，不经意的穿着打扮，可能把自己的心理暴露无遗。

你和一位电脑公司的老板在咖啡馆里悠闲地洽谈生意。对方是一位年轻的创业家，交谈时处处展现自信，态度怡然自得。你已被他的风度所打动。于是，你们口头达成协议，说定几天后签下合同。

然而，你第二天无意中路过这家电脑公司，决定顺便拜访这位"创业家"。其后，你的主意完全改变了。你庆幸自己没有花掉一笔冤枉钱。

你进去时，看到他穿着白衬衣。一看见你，他才赶紧穿上外衣。你注意到他衬衣的领子显然有好几天没洗了。

他对你的到访显得有点局促不安，而且频频向你道歉他公司的简陋和杂乱。和你交谈时，他的眼神闪烁不定，手上一直摆弄着一支钢笔，对你说的每一句话都不假思索地表示赞同。最后，在与你握手道别时，他只是轻轻地捏了一下你的指尖。待你下楼，楼下的保安告诉你，他们已经付不起租金而准备搬家。

那年轻人在咖啡馆里表现得胸有成竹，对客人的偶然来访，却表现出明显的不安和恐慌。为了掩饰自己的不整

洁，他慌忙穿上外套，且频频道歉，这是因为他心理上处
于劣势。他眼神闪烁，摆弄钢笔，又透露出他内心的焦灼
和缺乏信心，甚至因紧张而来不及思考，对来访者的话唯
唯诺诺；尤其在握手的时候，他的畏缩更使他内心的虚弱
暴露无遗。跟这样的老板交易，受损失是必然的。幸好，
识不破语言，我们还可以破译其动作和行为。

## 如何判断顾客的心理意图

虽然商场促销员的推销术千篇一律，顾客的反应却
各不相同。那么，促销员怎样判断顾客到底喜不喜欢你
的商品呢？

美国心理学家保罗·埃克曼指出："我们用声带交
谈，但我们是用面部的表情、声调，乃至整个身体去表
示和传递感情。"

迎面而来的顾客总是左瞅瞅右瞅瞅，见到那个眼前
一亮，见到这个眼前也一亮。那么，他来逛商场肯定没
什么目的性，只是随便看看。

你向他推销一件衣服。他说："我不喜欢这个颜色！"那么，他显然颇喜欢你的商品。他是在问你，还有没有其他颜色可供选择。

顾客边翻弄衣服边说："还行吧……"那么，他肯定对他所看的商品很中意，只不过，他想先去别处逛逛，比较一下再做决定。若他反问："好看吗？""行吗？"这显示，他一定很喜欢。因为这种问题问卖方根本毫无意义，只能说明他买意已定。

顾客只是淡漠地说："挺漂亮的……"那么，他一定在想：衣服好看是好看，对他自己却不合适。

即使顾客不说话，你同样可以透过观察其动作、神情，判断他的内心活动。

他可能在商场逛了几圈，有两次以上翻动或留意了某件服装，这表明他对那种款式的衣服很有兴趣。

顾客动手摸了摸这个，又摸了摸那个。当促销员向他走去时，他又躲开了。显然，他怕询问和介绍，无论喜不喜欢，他都不会买。

试穿商品时，顾客未吐一字，只是反复摆弄，在镜子前左看看，右看看，微微蹙眉，这表明他心怀不满。如果他在镜子前左照右照，并没有反复摸衣服的某处，眼神专注，嘴部线条保持原样或微抿、微翘，这透露出他对衣服穿在身上的效果很满意。

## 如何判断客户是否有诚意

无论人的性格差异有多大，在接受或拒绝某件事时，都会表现于肢体语言。也就是说，人的表情、举止和听似模糊的语言，都会折射出或肯定或否定或不置可否的心理。

你是个推销员，最头疼的就是不知道客户买还是不买？他们不到最后一分钟，绝对不会透露心中的真实想法。

通常情况下，一个顾客的眼睛若是向下看，脸转向旁边，就表示你被拒绝了；如果他的嘴放松，笑容自然，下颚向前，表示他会考虑你的建议；假如他注视你的眼睛几秒钟，嘴角乃至鼻子的部位带着浅浅的笑意，笑容轻松，而且看起来很热心，这个买卖便有可能做成。

客户很可能对你的产品只是提一些很表面化的问题，在你向他解释产品时又不认真听，只是"嗯嗯啊啊"，不置可否。显然，他是在敷衍你。除非你的解释能让他眼睛一亮，才可能改变他既定的主意。

即使客户表现得很有兴趣，也不代表他一定会买。如果在听你介绍时，他偶然溜出一句："是挺好！"那么，他肯定会因为价钱和使用价值等方面的因素而拒绝购买。他的潜台词是："但……"

听你介绍时，他若一直点头说"可以"、"不错"，那十有八九他也不会买。因为一个客户不对商品进行挑剔，不提问题，就表示他的兴趣早已降为零。

有些特别追求完美的客户可能说："要是……就好了！"显然，他也不太可能与你成交。

客户要求你提供一些产品的资料。这要分成两种情况：一种是他厌倦了你在他面前喋喋不休的推销或他此时没时间听，所以先拿上资料，打发你，好让他自己放松一下。另一种是他比较慎重，认为你的推销词里难免含有水分，不如拿点资料，好好研究一下，再决定买还是不买。这种举动已经算是十分积极了。

你的客户一见到你就说他很忙，没时间，让你稍后打电话过来再谈。留心，他这是在拖延时间。如果你没有足够的耐心说服他，你们就不可能成交。

顾客的姿态、神情也会透露出是否成交的信息。

在你和客户商谈时，他正襟危坐，身体微微前倾，睁大双眼，一副准备行动的样子，这说明他购买的欲望很强烈。反之，他可能把笔放在一旁，熄灭烟头，看看手表，或把手放在后脑。这是暗示你，他不想谈下去了。或者，他手指张开，放在膝盖上。这表示他很开心，你的生意八成会成交。

你和客户洽谈时，他神情愉悦，态度和蔼。这时，你必须提高警觉，因为他可能企图隐瞒一些信息。亲切和客气，有时反而是拒绝的信号。

顾客询问："这要花多少钱？""时间怎么安排？""我们如何执行？""谁来做这件事？"等等，这些反应表示他已经把自己想象成产品的所有人，是一个好现象，你们成交的可能性非常大。

如果你正拜访一对夫妇，那么请注意他们双足交叉的动作。因为夫妻中谁先交叉自己的脚，就表明他（她）在家庭中占主导地位，你跟他（她）谈才算数。

## 如何推知谈判对手的心态

在商场上，谈判是经常遇到的事。小到买东西讨价还价，大到国际贸易折冲，都会用到谈判的技巧。身为一个谈判者，应该据理力争，尽力维护己方的利益。

你是某家公司内部举足轻重的人物，正率领代表团和外商进行艰苦的谈判。这时，你注意到谈判桌下的脚呈现出不同的形态。这会帮你的忙，因为从脚的习惯动作中，你可以看出一个人的心绪。

某人两只脚踝相互交叠，你就应注意此人是不是正在克制自己。因为一个人在克制强烈的情绪时，会情不自禁地脚踝处紧紧交叠。各种场合，无一例外。

谈判时，对方身体坐在椅子前端，脚尖踮起，呈现一种殷切的姿态。这极可能是他愿意合作，且态度积极。

　　说话时身体挺直，两腿交叉跷起。这一姿势表示怀疑与防范。所以，在推销商品或个人交往中，要注意那些"架二郎腿"的人。对那些坐在椅子上，跷起一只脚跨在椅臂上的人要时刻警惕，因为这种人往往缺乏合作的诚意，对别人的需求漠不关心，甚至还带着一定的敌意。

　　对方双脚自然站立，左脚在前，左手放在裤兜里。这种人的人际关系相对而言较为协调，所以他们从来不给别人出什么难题，为人敦厚笃实。这种人平常喜欢安静的环境，给人的第一印象总是斯斯文文的。不过，一旦碰上令他气愤的事，他也会暴跳如雷。所以，既然他是对方谈判团的成员，绝不能认定他"没脾气"，必须加以重视。

　　对手双脚自然站立，双手插在裤兜里，时不时取出又插进去。他比较谨小慎微，凡事喜欢三思而后行。工作中，他多半缺乏灵活性，很固执。所以，想说服他，可要下一番工夫。

　　最容易对付的人应该是那些两脚并拢或自然站立，双手背在腰后的人。他们大多在感情上比较急躁，很容易被激怒。而且，他们很少对人说"不"。

　　较不容易对付的人总是双手交叉，抱在胸前，两脚平行站立。这表明此人具有强烈的挑战和攻击意识。

　　在谈判桌上大出风头的一定是双脚自然站立、偶尔动一下双腿、双手十指相扣于腹前、大拇指相互来回搓动的人。这种人表现欲特别强烈。如果举行游行示威，他充当的角色大都是领头先锋。

　　你发现对方两腿不停地抖动，或者用脚轻轻地敲打地面，表明他的心里很紧张或无聊、无奈。对方会重复不断地跷脚，一会儿左腿放在右腿上，一会儿右腿放在左腿上，这表示他对会谈不感兴趣或感到厌烦，不想谈下去了。

## 如何推知谈判能否成功

　　你和对手的谈判僵持了三天，终于在第四天定下继续往好的方向努力的基调。接下来，成败与否就看今日。这时，你怎样透过对手的动作，判断他们的心理？

　　对方脸上笑嘻嘻，一副非常满意的表情，嘴上说：

"这次一定考虑考虑！"他这是在制造假象，好让你放松警惕，最后他再来个出奇制胜。

对方面无表情，内心变化万千，因为怕被人窥探，正努力克制。显然，他心怀不满，对你有一万个不满意，这时，谈判很难成功。

对方一直把双臂交叉在胸前。稍有一点心理学知识的人都知道，这是一种保护身体、隐藏个人情绪以对抗他人的姿态。这表明他一定会坚持自己的主张，无论你怎样和他交涉，都无法越雷池一步。

对方有一条腿的脚踝平放在另一腿的膝盖上，呈"四"字形，这表明双方的谈判已经到了非常激烈的阶段。待他觉得谈判已趋向达成协定，就会把脚放下，身子向前移动。若他感到自己已经稳操胜券，就会让双腿平稳地支在地板上。

对方缓慢而细心地把眼镜摘下，小心地擦拭着。即使镜片根本不需要擦拭。他也故意这么做。这是因为他很想提出反对的意见，澄清问题，或是在提出问题前，延迟一些时间，以便再做思考。如果他把摘下的眼镜迅速且非常用力地扔在桌面上，那就说明他的情绪已近于崩溃，不想再和你谈下去了。意即："你的要求太离谱了！"大多数人，不论其是否研究过这种姿态，总是以这种方式表达出自己的反抗之意。

对方动了动身子，坐在椅子边。这个动作若和一些表示感兴趣的姿势一起出现，无疑是一种愿意合作的信号。与对方签约的姿势，往往是大半个身子不在椅子上，将全身重量都移到椅子前端，显出极为热切的样子。

谈判对手把手放在脸颊边，表示他或许感到无聊，或许心中正暗暗评估你。他若对你心存好感，这动作可以看做是赞同某种程度的合作。如果有十个人坐在椅子上，腿都跷起来，其中五个人手挨着面颊，那么，大多数有经验的人都会认为，那些手挨着面颊的人必然比较愿意合作。

谈判对手开始解开外套的扣子。恭喜，这样的姿势，不仅表示他已敞开胸怀，愿意接纳你和你的意见，而且还表示他正注意倾听你的陈述。

若他以官衔称呼你，而且有意无意中强调你的职称，这就表示他对于你所说的很感兴趣，有可能与你合作。

## 如何推知面试者的心态（1）

刚毕业？抑或刚被炒鱿鱼？那就好好找个工作吧。很不幸，虽经多次面试，却无一获得录取。也许失败的原因很多，但面试时一些不经意的小动作，都会成为主考官判断面试者个人成绩的依据。

你到某公司去面试。在会客室与负责人讲话时，你不自觉间又做出乱拍乱摸的习惯性动作。这些动作很容易暴露你的心理状态，从而影响负责人对你的判断。

观察某人会下意识地碰触身上的哪个部位，就可知此人的深层心理。用手碰触自己的头，表示此人心怀害羞或歉疚之情，或是想掩饰失败，或是感到有责任在身。

碰触脸或嘴、鼻子附近，表示身体已相当疲乏。一个人被迫等待，或对眼前的事情感到不快，会反复地用手摸嘴和鼻子。这时，主考官问话，他一定敷衍，不然就撒谎。如果他以手摸嘴巴，或用手掌掩住嘴，也是表示不耐烦。

面试者用手指摸眼尾或眼角。他一定在想着其他事情，或心中有所打算，面对考官，他正思考着如何回答才会讨考官欢心。

有很多人会做出用手抓抓耳朵或摸摸耳垂的动作，这多半是不知如何回答的表示。因为他们思路不顺畅，正处于不安的状态。

用手拍拍肩膀，像要拍落肩上的脏东西，或捶捶肩膀。这是想让周围的人知道，他正努力集中精神于某一事物，或想让周围的人赏识他自我显示的信号。另外，一个人想从厌烦的事情中解放，或想改变气氛的时候，也会碰触肩膀。

碰触手臂的人，面对考官，一定觉得不知所措，或是觉得考官问得太无聊。

有着强烈"希望被爱"、"希望被抚摸"之愿望的人，下意识中多半会做出把手放在自己胸前，或用手摸摸腹部的动作。这是一种举止上的"自慰行为"。

一个人想表现自己的力量时，会做出拍拍胸部或腹部的动作。

某人用手碰碰自己的腰和膝，表明了此人充满自信，希望获得对手的承认。此外，心情极为焦虑时，也会做出此种动作。

一个人想虚张声势时，会把手插入裤袋，或手叉腰，摆出一种傲慢的姿态。

## 如何推知面试者的心态（2）

求职是一种庄重的社交活动，其要求颇为严格和规范。面试基本上是在室内进行，以坐为主，时间长。面试官从求职者的坐姿中，可窥探出他们的一些心理。

应试者身体靠向沙发背，两手置于沙发扶手，两腿自然落地、叉开，表明他轻松自如，内心充满自信。应试者身子稍向前倾，两腿并拢，两手放于膝上，侧身倾听，说明他很尊重对方。若他身体坐在椅子前沿，身子向前，倚靠于桌上，头微微倾斜，表示他对交谈内容非常感兴趣。坐在椅子上交谈，微微欠身，表示应试者谦恭有礼。身体后仰，甚至转来转去，是一种轻慢、失礼的行为。应试者整个身子侧转，表示嫌弃与轻蔑。背朝谈话者，是对考官不予理睬。当然，一般求职者不会做出这种举动。

求职的人腿靠向椅子，上体正直，轻缓落座，表示他很自信。女性求职者若着裙装，落座时用手理了一下裙边，把裙子后片向前拢一下，坐下后双脚并齐，挺胸立腰略收腹，手放在膝上或椅子扶手上，掌心向下，双膝并拢或微微分开，双腿正放或视情况向一侧倾斜，也反映出她自信的心理。

如果没有指明应试者明确的座位，由他自己选择座位或亲自搬动椅子就坐，就更可能透露他心里的秘密。座位有上下尊卑之分，选择什么位置就坐，往往就显示出应试者的态度和倾向。在社交场合，距离也是一种空间语言，可以表情达意。如果应试者摆放椅子的位置离主考官很近，且于正中，和主考官直线面对面，表明他的自信心很强，丝毫不畏惧与主考官近距离接触。相反，若应试者选择离考官较远之处就坐，显然，他是信心不足。

## 如何揣测主试官的心态变化

求职中，我们会碰到形形色色的面试官。只有揣测他们各自不同的心理，才能在求职成功的天平上增加一个砝码。

应聘者走进面试室，只见主试者呆坐在那里，对他的出现没有任何反应，好像他不存在似的。应聘者浑身不自在，很客气地出声寒暄。主试者仍未表现出半点热情，更未注意应聘者的一举一动，第一句话就是："嗯，请坐。"然后再无下文。直到应聘者开口介绍了自己的情况后，他才提出问题。碰到这样的主试者，再怎么高明的交际能手也会束手无策，一般新手更会不知所措。

这种类型的主考官实际上就像严格遵守纪律的德国人，满脑子条条框框。他心中想的无非是少说废话，马上按程序开始面试。对此，应聘者只需按部就班发挥即可，不要做过多的自由论述。

不过，冷若冰霜的主试者说不定心中也有些紧张，他说的话有时显得生硬不灵活。但他也许是外冷内热，表面总像拒人于千里之外，实则心慈手软。

应聘者不妨多注意他的一举一动，从其言谈中找出他真正关心的问题，随便和他聊聊。只要能够使他主动开口，事情就好办多了。冷冰冰的人一遇到自己感兴趣或关心的话题，多数会神情为之一变，话也多起来。

主考官可能一见到你，马上主动让座，握手，然后茶水端上，仿佛招待贵宾，令你受宠若惊。紧接着，他又添上几句赞美之辞，如："你小小年纪就大学毕业，不简单哪！""你是名牌大学毕业，我们单位可是小庙，委屈你了！"一切看来都相当顺利，你自我感觉良好，心情愉快，心想这下一定百分百之成功。其实，这一切都是假象。这类主试者表面看来谦虚亲切，容易通融，内心却清醒得很。他永远让应聘者感到可亲可敬，用赞同的语气与你交谈，如"你说得不错"，然后又巧妙地走到反面，而且让你感到他确实言之有理，如"不过，这个问题，我认为……你说对吗？"

热情有加的主试者在心理上占有绝对优势，因为他比应聘者更会"做戏"，从而紧紧掌握着应聘者。他们是想让应聘者充分表达，暴露缺陷。他们有办法使应聘者信任他，从而不加防范。

有的主考官与应聘者握手时仅是碰碰而已。他们待应聘者非常礼貌，非常客气，无可挑剔，但总是保持距离，好像外交场合的谈判代表一样。他们对人热情，又像是很冷漠，从来不会自己主动挑起话题。这类主考官心思细密，城府深，不会轻易让你洞察其心。碰见他们，没什么好办法，该怎么发挥就怎么发挥吧。

有一种主考官，说话虽然客气，但装腔作势，眼神傲慢，且脸上无一丝笑意，经常用鼻音或"哼哈"之声应付人；甚至不理不睬。

傲慢的主试者分成两类：一类是装出来的，目的是为了考验应聘者的心理承受力。遇上这种主试者，应聘者一定要打赢心理战，不要产生自尊心受到伤害的感觉。另一类是主试者利用面试的机会，满足心理上的需求。他们本人实际上并非表面上那么威风，平时不受上司重用，或是怀才不遇，心有不甘，故此对招聘工作产生抗拒感，于是透过面试这种公开露面的机会，发泄心中的不满。

　　有的主考官好像聋哑人，坐在那里，只等应聘者自己介绍。你不得不没话找话，谈天说地。可最后他还是死活不开口，示意面试就此结束。其实，这种主试者当然不是哑巴，也不是木头疙瘩，只是采用一种日本式不动声色的面试策略。他自始至终一言不发（更不要说面带笑容了），或最多在完事时吐出几个字："你可以走了！"留心，他是有意让你占据主动，看你如何应变。

　　遇上这种场合，应聘者若是六神无主，自然只能惨遭淘汰；如果应聘者面不改色，使尽浑身解数以改变局面，则成功在望。

　　有的主考官克制不住自己的嘴巴，一张嘴说个没完没了。这类人通常无心倾听应聘者的发言，只求淋漓尽致地表现自己。

　　这时应聘者大可偷着乐。说话过多且眉飞色舞的人总难免放松对他人的观察，所以你无须处处有所顾忌。但表面上一定不要懈怠或出现疲倦的神情，只需做个专心的聆听者，不要随便插问。

　　某些主考官主持面试时，一切都按部就班，却又显得漫不经心。这是因为他们经常主持面试工作，以至于有些麻木。对于应聘者的到来，他们当然毫无新鲜之感，更不要说产生浓厚的兴趣了。他们问话时总是心不在焉，说话总是偏离主题，常常言不由衷。这时你若不表现得特别点、出众点，大概十有八九会没戏唱。

## 如何在面试中物色人才

如今面试已成了一门学问。你若是个面试官，就必须拥有一双慧眼，能察言观色，识人心理，才能物色到真正的人才。

参加面试工作时，你发现，由于身份不同，应聘者的心理状态会有所不同，从而做出风格迥异的手势。你可以透过他们的手势，判断他们的心理，随后再决定是否可以录用。

双手插兜，露出两拇指，是具有傲慢心理的反应。这类人可能以前做过上司，自我感觉很优越。他说不定并没有把你放在眼里。所以，你有必要在气势上压倒他。

　　面试者来回擦着自己的双掌，表现出不安、不知所措、焦虑等情绪，那么，他肯定很想得到这份工作。

　　若他两手相对成尖塔，这类人自信心相当足。他极可能曾是高阶层的白领人士。当然，他的简历会告诉你这一点。

　　双臂交叉胸前，表示他心理上拒绝接受你，而且对你始终保持着一种戒备的态度。他不喜欢你，所以你不录用他，他也不会有太多遗憾。喜欢把手交叉着放在胸前的人，表明他自负自大，自视甚高，目空一切。

　　应试者频频挥动双手，或习惯性地双掌牢牢互握，都表明他情绪紧张，异常激动，或是得意忘形。

　　反之，有的人的双手无力，松软下垂，或双手相互不自觉地抱着，表明他有虚心与放心两方面的心理。虚心者会认真倾听你的话；放心者则觉得自己表现不错，应该会被你录用。

　　有些人双手闲不住，谈话时也动来动去，说明他的心境很不平静。在等待你时，他会无意识地动动桌上的东西，显得心神不定。就一般情况而言，当一个人有心事想掩饰时，下意识会做些别的事做掩护。

## 如何推知自己面试后的结果

你参加了一次公司的招聘面试。你很想得到这个职位，心里难免七上八下。面前的主考官似乎很和善，但有点不可捉摸。那么，怎样才能知道他是否会录用你呢？

主考官在问完一系列问题之后，最后问你目前住在哪里，那么十有八九，你成功了。因为只有在他对你感到满意之后，才可能关心你住家的远近。

主考官可能问道："你结婚了吗？"他为什么问这个？一是他公司的工作需要经常加班或出差，只有单身没负担的人才能全心投入，他想看看你符不符合条件；二是他觉得你各方面条件都令他满意，他想以此探一探你是否合适，合适的话就要定你了；三是他无所谓对你满意不满意，就是随便问一下，因为你的年龄和工作状况让他好奇。

主考官的眼睛几乎没和你对视，只是随意问了你几个问题，而且他显得很忙碌。咳！你多半没戏唱了。他肯定不会这样对待一个令他满意的人。

面试时，主考官接到电话，聊个没完，丝毫不重视眼前的你。这时，你也唱不了戏，因为你们之间的谈话没有让主考官发现亮点，他对你不感兴趣。也或许是因为这位主考官本身太没礼貌，不懂得尊重你。

主考官的办公室说不定会有什么人有事进来。这时，如果他因为跟这人关系好，就开玩笑地说："喂，帮我看一下这人怎么样。"那你百分百得下场了。因为他太不严肃，对你的面试显然只是过过场，他根本不会认真听你的谈话。

面试时，因某种特殊原因，主考官必须走开，于是他抱歉地让你明天再过来谈。这种情况，你有可能被录用。他的举动表明他对你挺感兴趣。否则情急之下，他完全可以让你回去等通知。

面试结束后，主考官若是让你等通知，不是他效率太慢，就是在敷衍。他并不想录用你。你千万别眼巴巴地在家里满怀期待，白白浪费了时间。

或许他会说："三天后你打电话给我们……"显然，你这时也只能下台。他若要录用你，肯定会主动满世界找你，干吗非要你主动打电话问呢？

## 如何判断欠债人是否想还钱

经济问题很敏感。债务纠纷是人类社会不可避免的现象。很多企业缺乏诚信，社会又欠缺监督体制，于是产生了各种债务纠纷。

你接到一笔20万元的讨债任务。据说，那债务人实在难缠，债主要了五年都没要回来。为了20%的债务提成，你准备全力以赴。但事情棘手，得慢慢来，对症下药。

你见到债务人，他一团和气，又递烟又倒水，还请你到酒楼喝两盅，嘴里说着"过两天就还"。你千万别指望他过两天真的就还。这种人很有软磨硬泡的功夫，根本没有还钱的打算。对付这种人，就要比他还能磨。你尽可不声不响地坐在他办公室里，连他吃饭、睡觉，也死死跟着他。他刚以为你"失踪"了，你又像个幽灵一样，闪现在他面前，让他痛苦不已。挨上两天，他的心理防线就会崩溃，到时你就等着收账吧。

债务人态度蛮横，动不动就破口大骂，还威胁使用武力。很显然，这是虚张声势。他明知自己欠债理亏，却偏偏做出"你能把我怎样"的无赖态度，这分明是心虚。对付这种人，就要解除他的"武装"，或说"伪装"。对你这个身强力壮的小伙儿，他或许真会动粗。你若派一个浑身恶臭的八十老汉每天去他那儿报到，一坐坐上一整天，他打也不是、骂也不是，还得掩着鼻子工作，不久，他一定乖乖地向你投降。

债务人因生意赔本，公司倒闭，遂摆出一副"要钱没有，要命一条"的姿态，这表明他已铁了心，不打算还钱了。但他并不是真的没钱。这种人多半会给自己留一手。否则，吃喝拉撒怎么办？对付他，也好办。到他家里去磨。没有几个人受得了在家里还看见"瘟神"把门。

债务人态度严肃，对你说："明天就还！"小心，他正准备逃跑。此时你若不跟紧他，债可就永远没有归还之日了。

坐下来跟你好好谈还债事宜的债务人就会真的还钱吗？也不然。他可能苦苦地倒酸水，从上有老母、下有幼子，说到资金周转不灵，职工等着发工资。那么，他必然没有还钱的诚意，只希望先博得同情，再缓上十天半个月或无限期延长。要是他只字不提自己家庭的经济状况，只向你汇报了公司财务明细表，这才是他真正解决问题的开始。


## 如何透过目光看人的心态

眼睛是心灵的窗户。语言可以欺骗我们，眼睛却无法掩饰真相。

在公司大会上，你主动请缨，向老板申请到他刚刚起步的分公司去任经理。场内鸦雀无声，人人都把目光投向你。

上司瞄了你一眼，又闭上眼睛。这是一种"我相信你，去做吧"的身体语言。闭上眼睛，再睁眼一望，如此不断反复，就是尊敬与信赖的表现。

当有人与你视线相接，他先移开目光，表示他对你满不在乎。

眼睛上扬，是假装无辜的表情。这是想证明自己确实无罪，意思是说："我跟这事没关系！"

目光炯炯看人，上睫毛往下压，几乎与下垂的尾毛重合，造成一种令人难忘的表情，传达出某种强烈的心绪。

斜眼瞟人，是想看人一眼又不愿被发觉，表明此人生性腼腆，很容易害羞。这种动作等于在说："我太害怕，不敢正视你，但又忍不住想看你。"他不是已被你吸引，就是心怀妒忌。

眼眸闪亮，是因情绪激动，促使泪腺分泌，带来润泽之效，但又未到足以落泪的地步。所以，若对方眼睛闪亮，肯定是情绪兴奋，正在努力克制。

睫毛扇动、眨眼睛等动作，代表一种极力抑制的心情。眨的速度慢，幅度大，意思就是说："我不敢相信我的眼睛，所以大大地眨一下以擦亮它们，确定我所看到的是事实。"睫毛扇动时，眼睛也迅速开闭，是一种卖弄天真的夸张动作，好像在说："你可不能欺骗我哦！"或是："我美吗？"

用一只眼睛使眼色，表示两人之间有某种默契。它所传达的信息是："你和我此刻所拥有的秘密，其他任何人都无从得知。"

在社交场合，两个朋友间互挤眼睛，表示他们对某项主题有共通的感受或看法，关系比其他人更亲密。两个陌生人之间若挤眼睛，则具有强烈的挑逗意味。由于挤眼睛表示两人之间存在别人无法领会的默契，自然会使第三方产生被疏远的感觉。因此，不管是偷偷或公然为之，这种举动都被视为失态。

目光闪烁不定的人，缺少对事情深思的能力，是浮躁的冲动派，肯定不被信任。

目光着点不定的人，精神上存在不安定的状态，内心深处有不平之气，心情不稳定且焦躁不安。

眼睛往上吊，说明心里一定藏着不可告人的秘密，怕被人发现，不敢正视对方。

眼睛往下垂，有轻蔑人之意，要不然就是不关心人或心态骄傲。

**图书在版编目（CIP）数据**

一分钟读心术 / 麦凡勒主编. -- 南昌 ：百花洲文艺出版社，2013.1
（心理实验室）
ISBN 978-7-5500-0535-8

Ⅰ. ①一… Ⅱ. ①麦… Ⅲ. ①心理交往－通俗读物 Ⅳ. ①C912.1-49

中国版本图书馆CIP数据核字（2013）第043780号

本书由新潮社授权
江西省版权局著作权合同登记号：图字14-2013-136

# 一分钟读心术

麦凡勒　主编

| | | |
|---|---|---|
| 出 版 人 | 姚雪雪 | |
| 责任编辑 | 余 莅 | |
| 特约编辑 | 周丽波 | |
| 美术编辑 | 方 方 | |
| 制 作 | 马 赟 | |
| 出版发行 | 百花洲文艺出版社 | |
| 社 址 | 南昌市阳明路310号 | |
| 邮 编 | 330008 | |
| 经 销 | 全国新华书店 | |
| 印 刷 | 江西新华印刷集团有限公司 | |
| 开 本 | 890mm×1240mm 1/32 | 印张 7.75 |
| 版 次 | 2013年6月第1版第1次印刷 | |
| 字 数 | 150千字 | |
| 书 号 | ISBN 978-7-5500-0535-8 | |
| 定 价 | 23.00元 | |

赣版权登字 05-2013-61
邮购联系　0791-86894736
网　　址　http://www.bhzwy.com
图书若有印装错误，影响阅读，可向承印厂联系调换。